RPA
레볼루션

일하는 방식의 혁신과 디지털 트랜스포메이션(DT)의 핵심 트리거

RPA 레볼루션

초판 1쇄 인쇄 2022년 1월 13일
초판 1쇄 발행 2022년 1월 21일

지은이 김인수

발행인 백유미 조영석

발행처 (주)라온아시아
주소 서울특별시 서초구 효령로 34길 4, 프린스효령빌딩 5F

등록 2016년 7월 5일 제 2016-000141호
전화 070-7600-8230   **팩스** 070-4754-2473

값 16,000원
ISBN 979-11-92072-17-3 (13320)

라온북은 독자 여러분의 소중한 원고를 기다리고 있습니다. (raonbook@raonasia.co.kr)

RPA REVOLUTION
RPA
레볼루션

김인수 지음

RAON
BOOK

RPA, 제대로 알고 사용하라!

2022년 현재 IT 개발자일지라도 RPA가 무엇인지 처음 듣는 사람들이 많을 것이다. 2017년 내가 RPA를 처음 공부하기 시작할 때만 해도 RPA란 정말 생소하고 낯선 것이었다. 관련 자료도 많지 않았고, 그나마 있는 것도 모두 영문 자료였다. 그때부터 지금까지 하나씩 개념을 정리하고, 실제 업무에 활용할 가치가 있는지를 경험하고, RPA를 진행하면서 모든 것을 새롭게 정립해왔다.

나의 노하우를 팀원들과 공유하고 그들과 함께 다시 검토한 결과를 적용하면서 RPA 프로젝트를 성공시켜왔다. 그 과정에서 가장 안타까웠던 것은 RPA가 새로운 분야이다 보니 기업의 담당자들이 어떻게 해야 할지 모른다는 것이었다.

RPA를 도입하는 회사의 담당자는 RPA가 미래 가치가 크고, 회사의 성장에 긍정적인 영향을 준다고 하는데 제대로 운용하는 방법을 몰랐던 것이다. RPA 개발자 또한 RPA가 무엇인지 알지 못한 채 일반적인 프로그래밍 방식으로 개발하고 있었다.

가끔씩 들리는 RPA 프로젝트에 관한 소식은 안타까운 내용이 많았다. RPA를 도입했는데 인력 절감 효과는 전혀 없으니 왜 했는지 모르겠다더라, RPA를 시작은 했는데 다음에는 뭘 해야 할지 모르겠다더라, RPA는 만날 오류가 나서 고객이 실망하고 있다더라 등등. 그런 소식을 들으면 나는 항상 동료와 이런 얘기를 하곤 했다. '나한테 그 일을 맡겨주었으면 실망하지 않았을 텐데! 나한테 물어보지!'

지금도 나는 RPA를 연구하고 있다. 항상 새로운 정보를 확보하기 위해 노력하고, 새로운 사례를 확인하는 일을 지속하고 있다. 아쉬운 점은 한글로 된 RPA 책은 대부분 RPA 솔루션을 사용하는 방법을 소개하는 내용이라는 것이었다. 단순히 툴 사용법 외에 RPA 프로그래밍의 방식이나 절차에 대한 책은 없었다. RPA 개념을 설명하는 책들도 정의에 집중하거나 회사의 운영진이 읽으면 좋은 내용일 뿐 실무자에게는 현학적인 느낌이 들 수 있었다.

회사는 어떤 절차에 따라 어떤 방식으로 RPA를 도입하며 그 결과는 어떤 기준으로 확인하는지 등 RPA 프로젝트 방법론이 아쉬웠다. 이런 것이 있었다면 부정적인 소식은 조금이나마 해소되지 않았을까?

그러다 보니 내가 정립한 RPA를 구축하는 방법을 공유하고자 하는 마음이 컸다. 적어도 아무것도 모르는 상태에서 RPA를 도입하지는 않도록 말이다. RPA를 공부하고자 하는 사람들을 위해 RPA 실천방법론을 제시하고 싶었다.

RPA를 도입하고자 하는 회사의 담당자라면 이 책을 통해 처음 시작부터 확장까지 어떤 단계를 거치며 각 단계의 수행 작업과 산출물이 무엇인지 알 수 있을 것이다. RPA 개발자에게는 RPA 프로세스를 실행할 때 중요 포인트가 어떤 것인지 알고, RPA 프로세스를 어떻게 개발해야 하는지에 대한 방안을 제시한다.

그리고 아직 우리나라에는 RPA를 도입한 지 얼마 되지 않아서 그 중요성이 간과되고 있는 RPA 운영에 대해 소개할 것이다. RPA를 운영하는 데 어떤 절차가 있으며 어떤 내용을 관리하는지 소개한다.

이 책은 철저한 RPA 실무서이다. RPA 관련 업무를 하는 담당자에게 필요한 모든 내용을 정리했다. 우선 RPA가 무엇인지 정의하고 자동화의 효과를 알아본다. 왜 자동화를 해야 하는지 알아야 어떻게 하는지를 생각할 수 있다. 그리고 RPA를 처음 도입할 때와 이후 확장할 때를 구분하여 각 상황에서 더 집중해야 할 내용을 정리했다. 마지막으로 RPA 프로그램 중 대표적인 3가지를 사용하는 방법을 소개했다.

회사의 RPA 담당자와 RPA 개발자는 이 책에서 필요한 RPA 방법론을 얻을 수 있을 것이다. 그리고 새로운 기회를 찾는 사람에게도 영감을 주기를 바란다. RPA는 사람이 일하는 방식의 혁신을 이끌고 새로운 기회를 찾는 안목을 줄 것이다.

김인수

차 례

2장 RPA, 어디까지 왔는가

2장 RPA를 확장하고자 하는 기업

부록 RPA 프로그램 소개

1부

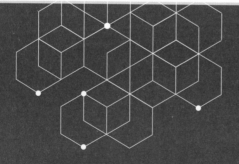

RPA,
그것이 알고 싶다

지금 왜 RPA가
필요한가

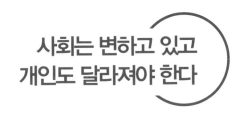

사회는 변하고 있고 개인도 달라져야 한다

새로운 기술이 등장했다

2016년 3월은 구글에서 개발한 인공지능 프로그램 알파고(AlphaGo)와 이세돌 9단의 바둑 대결로 떠들썩했던 한 해였다. 전 세계 바둑 랭킹 2위의 이세돌 기사가 구글 딥마인드에서 개발한 알파고와 총 다섯 번의 대국을 치른다는 기사가 났을 때 '말도 안 되는 짓'이라고 생각했다. 어떻게 감히 인공지능이 사람을 이길 수 있지? 그러나 결과는 4승 1패로 알파고의 승리였다.

이 사건은 우리나라뿐 아니라 전 세계적으로 커다란 충격과 반향을 일으켰다. 그로부터 불과 5년이 지났을 뿐인데 이제는 AI가 우리의 미래라는 것을 자연스럽게 받아들인다.

변화할 준비를 하자

역사적으로 보면 사회와 기술이 급격히 변화하는 시점이 있었다. 많은 전문가들이 포스트코로나를 그 전환기라고 이야기한다. 그리고 그 중심에는 항상 AI가 있다. AI가 개인용 컴퓨터만큼 우리의 일상을 바꿀 것으로 기대하고 있다. 지금 AI 기술을 배우자는 얘기가 아니다. 우리가 생각하지 못한 영역까지 삶의 방식이 변하고 있고, 그에 따라 일하는 방식도 변해야 한다는 점을 공유하고 싶다.

사회는 21세기를 지나고 있는데 20세기에서 익힌 방식 또는 20세기 교육에서 주입한 가치관을 중심으로 일하고 있지 않은지 돌아보아야 한다. 사회는 항상 변화하고 있다. 나도 변해야 한다.

우리나라의 20세기를 돌이켜보면 그야말로 영화와 같다. 말 그대로 아무것도 없는 황무지―전쟁의 폐허―에서 아주 작은 성과를 만들어내기 위해 엄청난 희생을 치렀다. 부모 세대가 겪은 그 엄청난 희생을 토대로 얻어낸 성과는 명확한 논리―내가 해봤어!―로 무장되어 반론을 허락하지 않았다. 근면 성실, 회사에 대한 충성이 기업문화로 굳어져 개인의 삶보다는 회사 일이 우선시되었다. 나역시 휴가 기간에도 회사에 일이 생기면 출근했고 가족들도 그것을 당연하게 받아들였다.

우리 세대를 포함해 지금 사회를 이끌어가는 기성세대들은 '조금만 더 일해서 끝내자', '조금 일찍 출근해서 끝내자' 하는 업무 태도가 익숙할 것이다. 이러한 성실함이 아마도 우리나라가 고도성장을 하면서 빠르게 따라잡을 수 있었던 비결일 것이다.

하지만 주52시간 근무제 도입으로 성실한 업무 태도는 근로기준법을 위반할 수 있는 시대가 되었다. 야근이나 조기 출근이 더 이상 개인의 선택이 아닌 것이다. 업무 시간에만 일할 수 있다면 시간의 가치는 이전과 달라져야 한다. 업무 시간의 가치가 높아지면 하는 일의 가치도 높아야 한다. 흔히 잡무라고 표현하는 가치가 낮은 업무들은 사라지면 좋겠지만 누군가는 해야 한다. 특히 대부분의 야근이나 조기 출근은 사실상 이러한 잡무를 처리하기 위해서다.

유연근무제로 대응하다

2020년을 강타한 코로나19를 빼놓고 2021년 이후의 미래를 생각할 수 없다. 그 누구도 포스트코로나를 이야기하면서 이전으로 돌아갈 것이라고 말하지 않는다. 코로나19는 사회의 모든 분야에서 새로운 근무 환경과 업무 방식을 강제적으로 경험하게 만들었다.

이제 재택근무는 자연스러운 근무 형태가 되었다. 9시에 사무실에 앉아 있지 않아도 업무 성과를 낸다. 영세 회사들도 한 번쯤은 줌(Zoom, 클라우드 기반 화상회의 서비스)을 사용해보았을 정도로 화상회의 시스템은 보편화되었다.

올해 업무차 만난 소규모 회사는 교대근무와 원격근무를 상시화해서 사무 공간을 줄이고 고정비용을 절감하는 계획을 세우고 있었다. 웹엑스(Webex, 클라우드 기반의 팀 협업 서비스), 줌 등을 이용한 화상회의를 해보니 어색함은 잠깐이고 출장 일정을 계획하거나 회의 공간을 준비할 필요가 없다는 장점을 크게 느끼기 시작한 것도 눈에 띄는 변화 중 하나다. 이전에는 RPA와 관련한 세미나에 참석하고 싶어도 할 수 없는 경우가 많았다. 하지만 이제는 관심 있는 웨비나(Webinar, 인터넷상에서 열리는 세미나)에 참가 신청을 하면 언제든지 온라인으로 참석할 수 있다.

눈에 보이는 곳에서 함께 열심히 일하는 모습은 가치를 잃어가고 있다. 나의 일을 정의할 수 있고, 결과를 공유해 성과를 낼 수 있다면 어떤 방식이든 상관없다. 그렇다면 내가 어디서든 일을 시작할 수 있도록 어떻게 준비해야 할까? 쌓여 있는 잡무들은 누가 어떻게 처리해야 할까?

근무제 변경으로 업무 효율을 높인다

사회의 변화와 함께 기술의 발전 속도는 점점 더 빨라지고 있다. 회사의 혁신이 지금처럼 강조되는 시대도 없다. 회사들은 혁신을 위해 고부가가치를 창출하는 데 집중하고 생산성을 높이는 다양한 시도를 적극적으로 실행하고 있다.

생산성을 높이기 위해 회사는 직원 개개인의 업무 효율을 최대한 끌어올리려고 한다. 직원이 업무에 완전히 집중할 수 있도록 새로운 근무제를 시도하기도 한다. 주52시간 근무제가 전면 시행되고 사회적 인식이 변화하면서 개인의 시간을 희생하는 노동은 더 이상 받아들여지지 않는다.

삼성은 1993년에 이건희 회장이 프랑크푸르트 신경영 선언을 발표하는 것에 맞춰 그룹 전체에 74제를 시행했다. 74제는 7시에 출근해서 오후 4시에 퇴근하는 조기출퇴근제를 의미한다. 한 가지 이유만으로 이러한 제도를 시행하지는 않았겠지만, 가장 큰 이유는 직원들이 업무에 집중할 수 있는 시간을 확보하는 것이었다.

7시부터 9시까지 집중해서 일하고, 9시부터는 고객 응대나 관련 부서와 의사소통하는 업무를 수행한다. 사회적인 분위기가 아직 성숙하지 못한 당시에는 그대로 정착되지 못하고 계속 수정되었지만, 업무에 집중하는 시간을 확보한다는 기본 개념은 다른 기업에도 공유되었다.

최근에는 오전 10~12시, 오후 2~4시를 집중 업무 시간으로 정해 각종 회의와 개인 용무를 자제하고, 불필요한 회의를 줄이기 위해 회의실 예약제와 사용 제한 시간을 정해두는 회사도 있다.

직원들의 시간 활용도를 높이는 제도를 도입하기도 한다. 공공기관과 금융회사들이 많이 도입한 매주 수요일 '가정의 날'도 이러한 시도 중의 하나이다. 가정의 날에는 직원들이 일찍 퇴근한다. 퇴근 시간이 되면 컴퓨터를 강제로 끄는 PC오프제를 도입해 조기 퇴근을 유도하는 회사도 있다. 그 결과 직원의 업무 만족도와 근무 몰입도가 높아졌다고 한다.

74제 시행 당시 삼성그룹은 "자율출퇴근제 도입으로 직원들의 창의성을 더 높일 수 있을 것으로 기대한다"고 말했다. 오후 4시 이후의 시간을 활용할 수 있기를 희망한다는 의미일 것이다.

가치가 높은 일에 직원 역량을 집중한다

회사는 규칙적이고 반복적인 업무를 줄이고 좀 더 가치 있는 영역에 역량을 집중하기를 희망한다. 노동 집약적인 산업에서 기술 주도 산업으로 성장하면서 업무 효율을 높이고 사무직원의 생산성을 높이기 위해 회사 내에 많은 시스템이 도입되었다.

대표적인 것이 ERP(Enterprise Resources Planning)로, 인사·재무·생산 등 전 부문에 걸쳐 자원을 관리해 활용도를 극대화하기 위한 프로그램이다. CRM(Customer Relationship Management)은 고객을 막연히 회사의 제품을 소비하는 사람 정도로 생각하지 않고 적극적으로 고객 정보를 수집하고 효율적으로 분석해 고객 맞춤 대응을 함으로써 신규 고객은 늘리고 기존 고객의 충성도는 높이기 위한 시스템이다.

최근에는 좀 더 적극적으로 업무 자동화를 시도하고 있다. 회사 시스템의 단순한 사용이나 반복적인 업무에 RPA를 도입하는 것이다. 단순 업무를 처리하는 데 근무 시간을 보내는 것은 개인이나 회사 모두에 낭비다.

규칙적이고 반복적인 업무를 로봇과 같은 비숙련자에게 할당한다면 불필요한 시간 낭비를 줄일 수 있다. 직원은 조기 출근이나 야근의 부담을 덜고 남는 시간은 개인의 역량을 높이는 데 활용할 수 있다.

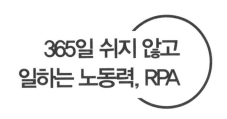

365일 쉬지 않고
일하는 노동력, RPA

RPA는 무엇인가

RPA는 'Robotic Process Automation'의 약자로 로봇 프로세스 자동화라고 한다. 사전적인 의미는 '비즈니스 과정 중 반복적이고 규칙적인 업무 프로세스에 소프트웨어를 적용해 자동화하는 것'이다.

쉽게 표현하면 RPA는 사람이 컴퓨터를 이용해 처리하는 모든 행위를 그대로 흉내 내는 소프트웨어 로봇이다. 예를 들어 엑셀 파일에 저장된 근무시간을 확인해 초과근무시간을 계산하고, 메일함을 확인해 수신된 메일 중에 자율근무시간 수정을 요청하는 메일을 찾아내어 수정하는 일을 한다고 하자. RPA 로봇을 실행하면 마우스 커서가 저절로 움직여 엑셀이 켜지고, 자동으로 메일을 검색해서 빠르게 답장을 작성한다. 이런 모습을 처음 본 사람은 다들 매우 신기해한다.

RPA는 스스로 움직인다고 해서 로봇이라고 표현하지만, 영화에서 보는 것과 같은 로봇이 아니라 컴퓨터에 설치해서 사용하는 소프트웨어다. 로봇을 실행하는 방법은 '매일 오전 9시'처럼 시간을 정하거나 '요청 메일이 도착하면'과 같은 조건을 설정하는 것이다.

조건을 설정하지 않고 직접 실행할 수도 있다. 엑셀 파일에 있는 근무시간을 확인해 초과근무시간을 계산하는 일은 직원이 200명일 경우 5시간 이상 걸린다. 이렇게 오래 걸리는 단순 작업은 컴퓨터를 사용하지 않는 시간에 로봇을 실행해 대신 처리한다.

RPA라는 개념이 만들어질 때부터 RPA 프로그램을 만들어온 글로벌 회사 유아이패스(UiPath)는 RPA를 다음과 같이 정의한다.

> 로봇 프로세스 자동화는 오늘날 누구나 컴퓨터 소프트웨어를 구성할 수 있는 기술, 즉 디지털 시스템 내에서 상호작용하는 인간의 행동을 모방하고 통합해 비즈니스 프로세스를 실행할 수 있는 '로봇'이다. RPA 로봇은 사용자 인터페이스를 사용해 인간처럼 데이터를 캡처하고 애플리케이션을 조작한다. 그들은 다양한 반복적인 작업을 수행하기 위해 다른 시스템을 해석하고, 트리거에 대해 응답하고 통신한다. RPA 소프트웨어 로봇은 절대 잠을 자지 않고 실수도 하지 않는다.

최근에는 RPA의 개념이 확장되고 있다. RPA라는 용어를 처음 사용한 곳은 RPA 솔루션 회사인 블루프리즘(Blue Prism)이다. 블루프리즘은 확장 개념을 다음과 같이 소개한다.

> 모든 지능형 자동화(Intelligent Automation) 블록들을 하나로 묶어주

는 접착제인 RPA는 반복적이고 시간이 많이 걸리는 업무를 로봇이 단계별 절차에 따라 수행하도록 배치할 수 있다. RPA는 새로운 AI 기술로 더 이상 일반적인 백오피스 프로세스에 국한되지 않으며 로봇은 인지 자동화(Cognitive Automation) 기능을 사용해 인간의 개입 없이 예외 및 변형을 해결할 수 있다.

반복되는 작업에서 월등한 효과를 발휘하는 RPA

RPA는 사람의 업무를 보조해 생산성을 높이고 노동 강도를 완화하는 역할을 한다. 그러나 RPA의 특성을 잘 활용하면 특정 부분에서는 사람의 한계를 뛰어넘는 기능을 수행하기도 한다.

뷰티 사업 부문에서 주로 비즈니스를 하는 A사는 해당 사업의 특성상 고객의 트렌드를 확인하는 것이 중요한 업무다. 뷰티 제품은 바이럴 마케팅(Viral marketing, 온라인에서 네티즌의 자발적인 연쇄 반응을 노리는 마케팅 활동)이 큰 비중을 차지하므로 관련된 분야에서는 항상 자사의 브랜드가 언급되어야 한다. 이를 확인하는 방법으로 영향력이 큰 포털에서 제품과 연관 있는 키워드를 검색할 때 자사의 브랜드가 같이 나타나는지 확인하는 것이다. 문제는 이 작업에 노동력이 너무 많이 든다는 것이다. 수십 개의 키워드를 포털에서 검색하고 그중 수십 개의 자사 제품을 일일이 확인하는 데 하루가 걸린다.

이 업무에 RPA를 적용해보았다. 자사 브랜드별 제품에 대해 전체 150여 개의 관련 키워드 목록을 정리한다. 예를 들어 샴푸는 탈

모, 케어, 윤기 등이 관련 키워드이고, 로션은 미백, 보습 등의 키워드를 매칭한다. 엑셀 파일로 정리한 목록을 RPA 로봇이 읽고 네이버에서 해당 브랜드에 맞는 키워드를 검색한다. 쇼핑, 블로그, 카페 등 각각의 카테고리에서 검색 결과가 나타난다. 광고인지 블로그인지 유형을 판단하고 각각의 내용에 키워드가 포함되어 있으면 제목을 수집하고 해당 링크까지 덧붙여서 엑셀 파일로 작성한다.

이 업무를 담당자가 직접 한다면 매일 평균 1~2시간 정도 걸린다. 담당자는 이렇게 수집한 데이터를 모아서 분석한다. 이 업무에서 중요한 것은 수집한 데이터를 기반으로 분석하는 일이다. 하지만 단순한 데이터 수집에 에너지를 쏟고 나면 진짜 가치 있는 업무에 소홀할 수 있다.

RPA 로봇이 새벽 시간에 검색 결과를 엑셀로 정리하고 수집한 데이터를 서버에 업로드한다. 담당자는 아침에 출근해서 로봇이 조사한 데이터를 이용해 — 추이를 확인할 수 있는 — 트렌드의 변화를 여러 가지 그래프로 확인하고 이상 현상이 있는지를 집중 분석한다. 특히 로봇은 휴일에도 데이터를 수집하기 때문에 연휴나 행사 기간의 데이터도 놓치지 않는다.

로봇이 한 달 정도 이 업무를 수행하고 나니, 담당자는 그동안 할 수 없었던 일을 시도하게 됐다. 경쟁사 제품의 평판도 확인해보게 된 것이다. RPA 로봇이 하는 일은 달라지지 않는다. 단지 경쟁사 제품과 그에 연관된 키워드를 추가해 키워드 목록이 150여 개에서 250여 개로 늘어날 뿐이다. 담당자는 자사 제품과 함께 경쟁사 제품도 분석할 수 있게 된다.

또 다른 사례로 규모가 작은 공사를 주로 하는 건설회사가 있다. 그중에 학교 건설 공사를 담당하는 부서는 각 학교의 홈페이지 게시판에 올라오는 건설 공시를 확인해야 한다. 전국에 있는 초중고등학교와 대학교의 모든 홈페이지에 공시되는 건설 관련 공시를 일일이 찾아보기는 현실적으로 불가능하다.

이 부서의 담당자는 RPA 로봇에게 각 학교의 공시 게시판을 알려주고 건설과 관련된 내용이 있는지 검색해서 발주 학교, 제목과 내용, 링크를 담당자의 메일로 보내도록 한다. 담당자는 로봇이 보내주는 메일의 내용을 확인하고 가능성이 있는 공사에 입찰한다.

RPA 로봇이 매일 수집하다 보니 대상 사이트도 점점 늘어나 200개 이상이 되었다. 앞으로도 계속 늘어날 것이다. 담당자는 검색 결과만 확인하면 될 뿐만 아니라 더 많은 건설 정보를 통해 새로운 입찰 기회도 확보할 수 있다.

RPA 로봇을 1년 365일 쉬지 않고 일하는 노동력이라고 한다. 로봇은 밤새도록 또는 하루 종일 열심히 일해서 사람에게 필요한 결과물을 제공한다. RPA와 같이 일하게 되면서 그동안 하지 못했던 업무를 할 수 있는 가능성도 생긴다. 새로운 사업 영역에 대한 기회나 지금의 사업에서 우위를 차지하는 방법을 찾을 수도 있다. 사람에게 필요한 것은 새로운 시각과 이 성실한 노동력을 어떻게 활용할지에 대한 아이디어뿐이다.

시간에 구애받지 않는 편리함

지하철 공사 업무 중에는 민원 관리가 있다. 담당자는 당일 운행이 모두 끝나면 민원 앱을 통해 하루 동안 접수된 고객 민원을 유형별로 정리하고 다음 날 아침 임원 회의 보고 자료로 제출해야 했다. 문제는 서울의 지하철은 새벽 2시경에 운행을 마친다는 것이다. 민원 관리 담당자는 새벽 2시 이후에야 이 보고 자료를 작성할 수 있는 것이다. 이 업무를 RPA 로봇이 대신 처리한다면 담당자의 업무 환경은 완전히 달라질 것이다.

화장품 소매업을 하는 A사 사장실 직원은 전일 백화점 판매 현황을 파악하는 것이 중요한 업무다. 이 담당자가 작성하는 유형별, 팀별, 매장별 판매 실적 보고서는 매일 9시에 열리는 임원 회의의 중요한 자료다. 담당자는 매일 8시부터 업무를 시작해야 한다. 회사의 분석 시스템에서 필요한 데이터를 추출해 정해진 형식에 맞춰 실적 보고서를 만드는데, 양식을 조금씩 수정해야 한다. 예를 들어 처음에는 남성 브랜드의 매출 비중이 적어서 하나의 카테고리로 매출액을 집계했다가 점차 매출액이 늘어나면 스킨케어, 메이크업 등으로 카테고리를 나눠서 집계한다.

RPA의 장점 중 하나가 빠른 개발과 쉬운 수정이다. 다양한 보고 자료를 RPA 로봇이 작성하고 업무 담당자는 그 결과를 검토한 후 회의에 참석하면 된다. 담당자는 이제 RPA 로봇이 없는 아침은 생각할 수 없다며 구세주처럼 말한다.

RPA 프로젝트를 하다 보면 조기 출근을 부르는 업무(1시간 일찍 출근해 보고 자료를 만들어야 하는 것)를 종종 만난다. 한 직원의 말이 그

동안 만났던 모든 사람들의 심정을 대변하는 것 같다. "RPA 로봇이 없는 아침은 더 이상 생각할 수 없다."

휴먼 에러의 가능성 제로!

공공기관을 포함해 모든 회사는 직원이 입사하거나 퇴사하면 4대 보험 시스템에 현황을 기록해야 한다. 일정 기간까지 신고하지 않으면 누락된 인원수만큼 벌금이 부과된다.

한 공공회사는 본사 외에 각 도별로 국내 지역본부와 중국, 일본, 아세안, 미주 해외 지역본부가 있다. 지역본부도 별도의 독립된 법인이기 때문에 본사 직원이 강원지역본부로 인사 발령이 나면 본사에서는 퇴사하고 강원지역본부에 입사하는 것으로 처리된다. 본사의 인사 담당 직원은 4대 보험 시스템에 퇴사 신고를 하고, 강원지역본부의 인사 담당 직원은 입사 신고를 해야 한다. 본사에서는 매월 1~2건의 인사 발령이 있지만 지역본부는 1년에 한두 번 있기 때문에 본사의 인사 담당자가 해당 지역본부 담당자에게 전화해서 처리하도록 안내한다. 그러다 보니 각 본부의 인사 담당자 사이에 혼선이 일어나고 신고가 누락되거나 중복 처리되는 일이 종종 발생한다.

직원의 조직 이동 시 4대 보험 시스템에 신고하는 업무를 RPA 로봇이 모두 처리하자 지역본부 담당자 간의 혼선이 사라졌다. 15개 조직의 인사 담당 직원이 4대 보험 시스템에 신고하는 업무를 하지 않게 되었다. 본사의 인사 담당 직원이 해당 지역본부 담당자에게 개별적으로 확인할 필요도 없다. 단순한 실수로 회사에 벌금이 부과되는 일이 없을뿐더러 회사 평가에도 좋은 영향을 미쳤다.

이 공공회사에서 기억에 남는 한 가지 사례가 더 있다. 공사는 모든 사업 발주를 공공기관 경영정보 공개시스템 '공공기관 알리오' 사이트에 공시해야 한다. 주무 부서에서 발주 담당자가 공시 사이트에도 직접 공시해야 한다. 공시 사이트에 공시하지 않고 사업을 진행하는 경우에는 벌점이 부과되고 기관 평가에도 영향을 끼친다고 한다. 그래서 자사의 사업 전체를 알리오 사이트와 비교해서 누락된 것이 있는지 확인하고 담당자에게 누락된 공시를 알리는 업무가 중요하다. 하루에 최소 2회 이상 확인하던 업무를 RPA 로봇이 대신 수행하자 업무가 줄어드는 것은 물론 실수도 방지할 수 있었다.

우정사업본부가 발표한 자동화 사례 중 인터넷 우체국 주거 이전 서비스 취소 금액 환불 처리 업무도 매우 효과적이었다. 직원이 우편물류 시스템에 매일 접속해 환불 자료를 조회하고 정부에서 사용하는 전산화 시스템인 '온-나라 시스템' 내부 결재와 ERP 지출 결의 업무를 반복적으로 직접 수행하다 보니 데이터 오입력으로 인한 실수가 있었다. 이것을 자동화하니 오류 없이 빠르게 처리되어 고객의 만족도가 높아진 것이다.

RPA는 사람이기에 할 수 있는 실수를 방지해준다. 위의 사례처럼 여러 담당자가 처리하면서 발생하는 실수도 있고, 단순히 숫자를 잘못 입력하는 경우도 있다. RPA 로봇은 사람의 일을 보좌하면서 동시에 사람이 처리할 수 없었던 분야에서 두각을 나타낸다. 이제 RPA를 어떻게 활용할 것인지 적극적으로 모색해야 한다.

RPA는 AI와 사람을 연결하는 가장 쉬운 방법이다

머리가 없는 RPA 로봇에 머리 달아주기

RPA 로봇을 활용할 때 주의해야 할 점이 한 가지 있다. 바로 이 로봇은 '머리가 없다'는 것이다. 즉, 스스로 생각하지 못한다. 모든 규칙을 정해서 일을 시키면 로봇은 그대로 수행한다. RPA의 정의에서 '규칙적'이라는 표현이 있는 이유다. RPA 로봇은 규칙이 정해진 일만 처리할 수 있다.

그런데 최근에는 이러한 한계를 극복하기 위해 로봇에 생각하는 방법을 결합하거나, 사람이 대신 생각해서 결정을 내려주는 시도가 있다. 이러한 시도를 로봇에게 머리를 달아주는 것이라고 표현한다.

로봇에게 머리를 달아주는 방식은 2가지다. 첫 번째는 사람이 대신 판단할 수 있도록 로봇과 담당자의 의사소통을 원활하게 만드는 것이다. 두 번째는 인공지능을 이용하는 것이다.

사람과 로봇이 의사소통을 하는 방식

RPA 로봇은 메일이나 핸드폰 문자와 같은 디지털 통신 방식을 활용해 사람에게 정보를 전달할 수 있다. 마찬가지로 로봇도 디지털 인격으로 메일 주소나 휴대폰 번호, 카카오톡 아이디를 받을 수 있다. 사람과 로봇이 같은 웹페이지에 접속해 서로 동일한 정보를 확인할 수도 있다. 이것을 '사람과 로봇의 의사소통'이라고 표현한다.

사람과 로봇의 의사소통을 통해 사람의 판단에 따라 로봇이 수행하도록 구현한 몇 가지 사례가 있다. A회사에는 외부 웹사이트 게시판에서 자사와 관련된 내용의 게시물을 검색해 회사 내부 게시판에 올리는 업무가 있다. 3개 사이트에서 각각 필요한 키워드를 검색하고 게시물 중에서 자사와 관련된 내용만 선별해서 제목, 내용, 첨부, 날짜, 기관을 내부 게시판에 업로드한다.

이 업무를 자동화할 때 가장 큰 어려움은 'A회사와 관련된 내용을 판단'하는 것이었다. 그래서 RPA는 우선 3개 사이트에서 키워드로 검색한 결과를 모두 엑셀 파일에 저장해 담당자의 메일로 전달한다. 담당자가 검색 내용 중 내부 게시판에 업로드할 것을 지정하면 로봇은 지정된 것만 내부 게시판에 업로드한다.

메일 대신 핸드폰 문자를 활용하는 방식도 생각해볼 수 있다. 로봇이 문자에 키워드 검색 결과를 토대로 결정을 요청하는 웹페이지 링크를 넣어서 보내면, 담당자는 링크를 클릭해서 '자사와 관련된 내용을 지정'하고 다시 로봇이 실행하도록 하는 것이다.

또 다른 사례는 영수증 이미지를 읽어서 경비 처리 시스템에 등

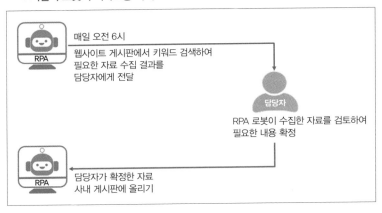

록하는 업무였다. 다른 직원들이 회사 경비를 사용하고 영수증 사진이나 스캔 이미지를 담당자에게 보내면 그 내용을 시스템에 등록하는 업무를 자동화했을 때의 어려움은 영수증 이미지를 '정확하게 읽었는지를 판단'하는 것이다.

정확한 판단은 업무 담당자가 직접 해야 하므로 담당자가 사용하는 컴퓨터에 RPA 로봇을 설치한다. 담당자가 직접 로봇에게 업무 수행을 시키면 RPA는 모든 영수증을 읽고 이미지와 내용을 비교하는 화면을 띄워 담당자가 정확한지 판단할 때까지 기다린다. RPA는 담당자가 정확하다고 결정하면 그 내용을 경비 처리 시스템에 등록한다.

RPA와 인공지능(AI)의 결합

사람이 의사 결정을 하고 RPA 로봇이 수행하는 방식을 넘어서 인공지능 기술을 이용해 RPA가 의사 결정을 할 수도 있다. 인공지능은 "판단, 추론, 학습 등 인간의 지능을 갖춘 컴퓨터 프로그램"이다. RPA 로봇이 업무를 처리하는 과정에서 사람에게 의사 결정을 물어보는 대신 인공지능 프로그램에 의사 결정을 맡기는 것이다. RPA 로봇은 일반적인 프로그램을 실행하듯이 인공지능 프로그램을 실행해서 의사 결정을 확인할 수 있다.

RPA 로봇이 사람과 의사소통을 할 때는 사람의 응답을 기다려야 하므로 시간의 단절이 있을 수밖에 없다. 하지만 인공지능 프로그램을 실행하면 곧바로 의사 결정을 해서 업무를 수행할 수 있다. 몇 가지 사례를 보면서 RPA가 인공지능을 어떻게 활용하는지 확인해보자.

가장 많은 사례가 SNS나 인터넷상의 게시글 내용이 긍정적인지 부정적인지를 판단하는 것이다. B사는 페이스북이나 인스타그램 내용 중 자사 제품과 관련된 부정적인 게시글을 확인하는 업무를 자동화하고 있다. 여기서 문제점은 '자사 제품과 관련된', '부정적인 내용' 2가지다. 우리 RPA팀은 해당 제품의 키워드로 내용을 검색하고 관련성과 긍정적 또는 부정적 감정을 분석할 수 있는 AI에게 전달해 부정적인 게시글만을 찾아냈다.

이것을 IPA(Intelligent RPA, 지능적 RPA) 또는 인지적 RPA(Cognitive RPA)라고 한다. 판단이 필요한 부분에 AI를 적용하고 그 판단에 따라 RPA 로봇이 처리한다.

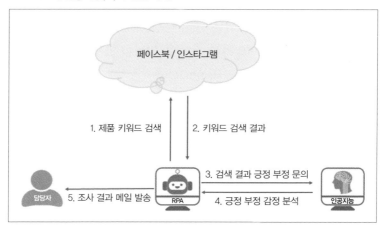

⋯⋯▶ RPA와 인공지능(AI)의 결합 사례

페이스북 / 인스타그램

1. 제품 키워드 검색　　2. 키워드 검색 결과

3. 검색 결과 긍정 부정 문의

담당자　　5. 조사 결과 메일 발송　　RPA　　4. 긍정 부정 감정 분석　　인공지능

RPA와 인공지능(AI)의 결합을 확장하자

로봇에게 머리를 달아주는 2가지 방법은 상황에 맞게 절충하는 방식으로 활용되고 있다. 현재까지는 사람과 RPA 로봇이 의사소통을 하는 방식이 더 많이 사용되고 있지만, 자동화 업무에 RPA와 AI를 결합하는 시도가 늘어나고 있다. RPA와 결합하기 좋은 기술로 이미지에서 데이터를 추출하는 OCR(Optical Character Reader, 광학식 문자 해독 장치)에 AI를 적용해 인식의 정확도를 높이고 있다.

AI는 현재 가장 중요한 IT 기술이다. 회사의 미래 가치가 AI에 있다고 믿으며 거의 모든 분야에 AI를 결합하는 시도를 하고 있다. 하지만 AI 기술을 실제 업무에 활용하는 데 몇 가지 어려움이 있다. 가장 큰 문제는 AI 모델이 필요로 하는 양식에 맞게 사용하기가 까다롭다는 점이다. 또한 그 결과를 해석하려면 AI 모델에 대한 지식이 있어야 한다.

RPA가 필요한 지점이 여기다. AI 기술을 결합하는 방법은 RPA 스크립트에서 처리하고 그 결과를 해석해 담당자는 업무와 관련된 내용만 인식할 수 있도록 하는 것이다. RPA를 업무에 적용한 실제 사례를 보면 이해하기 쉬울 것이다.

통신사 고객 이탈 방지

RPA 솔루션 회사인 유아이패스는 2020년 온라인 행사에서 AI 기술을 RPA와 결합한 사례로 '룩셈부르크 통신회사의 고객 이탈 방지 업무'를 발표했다.

모든 통신회사는 기존 고객의 이탈을 방지하는 것이 무엇보다 중요하다. 그래서 통신회사의 고객센터 상담사들은 고객과 전화하는 과정에서 여러 가지 조건을 제안하기도 한다.

통신회사에는 기존 고객 이탈 방지 매뉴얼이 잘 구성되어 있다. 룩셈부르크 통신회사도 이미 관련 매뉴얼이 잘 갖춰져 있었다. 하지만 기존의 방식을 벗어나 머신러닝(Machine Learning, 인공지능의 한 분야로 경험, 즉 데이터를 통해 학습한 후 정보를 바탕으로 결정을 내리는 컴퓨터 알고리즘) 모형을 활용한 새로운 시도를 했다.

머신러닝 모형을 사용해 고객의 이탈 신호를 감지하고 RPA 로봇에게 우선 전달한다. RPA 로봇은 고객 상태에 따라 직접 처리하거나 관련 담당자가 처리하도록 내용을 전달한다.

호텔 후기 관리

일본은 아시아 국가 중에서 RPA 시장의 선두주자 역할을 하고 있다. 도입 시기도 빠르고 규모도 커서 우리나라 기업들이 벤치마킹하는 경우가 많다.

유아이패스는 AI와 RPA를 결합한 두 번째 사례로 일본의 '호텔 후기 관리'를 발표했다. 일본의 한 호텔은 고객의 이용 후기를 관리하는 업무를 자동화했다. RPA 로봇은 온라인상의 여러 출처—호텔의 홈페이지, SNS, 개인 블로그, 댓글 등—에서 이 호텔의 이용 후기를 수집하고 머신러닝 모형을 이용해 감정을 분석한 후 대응할 후기가 있다면 표시해서 호텔 담당자에게 알려준다. 이 호텔은 이러한 일련의 과정을 통해 호텔의 홍보와 서비스 질이 긍정적으로 개선되었다고 밝혔다.

여러 인터넷 자료를 검색하고 호텔 이용 후기를 찾아내는 것은 너무 방대한 작업이다. 사람이 직접 하기 힘든 일을 RPA 로봇과 AI 모형을 결합해 성과를 냈다는 점에서 인상 깊은 사례다.

고객 불만 대응

국내 RPA의 선두주자 중 하나인 LG CNS는 자동화 경험을 적극적으로 공유하고 있다. 최근에 발표된 것은 RPA와 AI를 결합해 LG전자의 VOC(고객의 소리, Voice of Customer)를 분류한 사례다.

VOC 분류는 여러 담당자가 처리하던 업무였다. 고객센터나 웹, 모바일로 유입되는 다양한 고객의 VOC를 담당자가 수집하고 분류해 처리 부서에 메일로 전달했다. 실제 생생한 VOC는 수많은 소셜 미디어나 개인 블로그, 커뮤니티, 댓글 등에 있다는 것을 알지만 사람이 처리하기에는 너무 많은 시간과 인원이 필요하다.

RPA 로봇이 회사 홈페이지, SNS, 포털 등 다양한 소스로부터 VOC 데이터를 수집하고, 그 데이터에 머신러닝 모델을 적용한다. VOC 분류를 위해 학습된 머신러닝 모델은 주제별로 VOC를 분류하고, RPA 로봇은 불만 사항을 처리 부서에 전달한다. 이를 통해 이전에는 뒤늦게 파악되었던 자사 상품이나 서비스에 대한 시장 반응을 빠르게 확인할 수 있고 실시간으로 회사 이미지를 제고하는 활동을 할 수 있다.

사람의 창의적인 상상력이 필요하다

앞의 사례에서 확인했듯이 RPA와 AI를 결합하는 기술적인 방법은 다양한 형태로 시도되고 있다. 전 세계 여러 회사도 생산성을 높이기 위해 RPA를 활용한 자동화 프로세스를 계속 모색하고 있다. AI 기술과 RPA의 결합은 글로벌 비즈니스 환경을 재편할 정도의 영향력이 있다고 한다.

RPA와 AI를 결합해 사람이 수행하던 업무를 대행을 할 수도 있고, RPA와 AI가 만나 이전에는 할 수 없었던 새로운 업무 영역을 만들어낼 수도 있다. 자동화할 수 있는 다양한 기술 결합에 도전하고 있는 추세이다.

바로 여기가 사람의 창의적인 상상력이 필요한 부분이다. 이미

다양한 AI 기술이 상용 서비스로 제공되고, RPA 솔루션 업체들도 서로 경쟁적으로 새로운 기능을 발표하고 있다. 이제 개인의 업무와 회사에 어떻게 적용할 것인가 하는 판단과 실행력이 필요하다.

1인 1비서 시대를 열다

RPA는 보편화하고 있다

RPA는 업무를 훨씬 빠르고 효율적으로 처리함으로써 일상적이고 반복적인 일을 하는 시간을 줄여준다. 더 나아가 RPA 로봇이 직접 데이터를 조작하고 다른 시스템과 통신하면서 비즈니스를 수행하거나 데이터를 처리해 보안 및 효율성을 향상하고 확장할 수 있다.

RPA를 적용한 업무 자동화는 처음부터 주목을 받았지만 RPA 기술이 성과를 만들어내고 실제 회사 업무를 자동화한 사례가 공유되면서 더 큰 관심을 모으고 있다. 경영자들과 의사결정권자들의 자동화에 관한 관심과 의지가 높아지면서 RPA를 도입하는 회사가 늘고 있다.

디지털 기술을 두려워하지 말자

여러 담당자를 만나 업무 관련 인터뷰와 분석을 진행하다 보면 반응은 크게 2가지로 나뉜다. 먼저 RPA의 효능을 이해하고 업무를 자동화하는 것이 얼마만큼의 가치가 있는지를 단번에 알아채는 사람들이 있다. 이들은 본인의 업무 전체를 이해하고 왜 그렇게 하는지 명확한 이유를 알고 있기 때문에 로봇을 활용해 어느 정도 자동화하면 되는지 빠르고 명확하게 판단한다.

반면 본인이 하고 있는 기존의 방식을 전혀 바꿀 생각이 없는 사람들이 있다. 디지털 기술을 위협의 대상으로 여기고 자신의 업무를 자동화하면 일자리를 잃을까 봐 두려워한다. RPA를 활용한 자동화에 아예 관심이 없고 새로운 디지털 기술을 익히는 데 거부감을 가지는 사람들도 있다.

RPA의 역할이 진화하고 발전함에 따라 자동화는 더 나은 전략을 위한 필수 역량이 되고 있다. 앞으로 업무 방식은 변화할 것이고, 자동화 도입과 발전으로 디지털 기술이 업무에 깊숙이 들어와 있다. 자동화를 우려의 대상이 아니라 나의 업무 능력을 향상하는 기회로 인식해야 한다.

전문 코딩 없이 클릭 몇 번으로 자동화

그동안 IT 기술은 전문 교육을 받고 관련 분야의 경력을 쌓은 사람만이 할 수 있는 일이었다. 담당자는 필요한 업무 내용을 정리해서 IT 개발자에게 설명하고, IT 개발자가 만들어낸 시스템이 제대로 돌아가는지 확인해야 했다.

이제는 IT 기술이 실생활에 많이 활용되고 익숙해지면서 일반 사용자가 직접 개발할 수 있는 분야가 늘어나고 있다. 특히 코딩이 의무교육으로 채택되면서 개인이 개발하는 경우가 점점 늘어날 것이다. 그리고 RPA는 일반 사용자가 직접 코딩하는 세계적인 추세가 가장 잘 반영되고 있는 분야다.

RPA가 처음 나왔을 때는 IT 개발자만 사용할 수 있는 형태였다. 지금은 IT 지식이 없는 업무 담당자들이 직접 RPA를 개발해서 실행할 수 있는 형태로 나오고 있다. IT 개발자가 아닌 사람이 직접 개발할 수 있는 형태를 로코드(Low Code)와 노코드(No Code)라고 한다.

로코드는 프로그래밍 지식이 없는 사람이 쉽게 코딩할 수 있는 방식을 말한다. 대부분의 RPA 솔루션은 로코드 방식으로 되어 있어 업무 담당자가 직접 개발할 수 있다. 홈페이지에 무료로 제공하는 온라인 아카데미와 학습을 위한 교육과정을 수강하면 RPA 솔루션을 충분히 다룰 수 있다. 오프라인 교육을 제공하는 곳도 있다. 수준 높은 교육과정에서는 RPA 솔루션 사용법과 함께 개념과 절차 등을 다룬다.

여기서 한 발 더 나간 것이 노코드 방식이다. 관련 교육이 필요 없이 직관적으로 사용할 수 있는 것이다. 블로그나 카페를 만드는 것이 가장 대표적인 노코드 방식이다. 나의 블로그를 만든다고 해보자. 여러 배경 스타일 중에 하나를 선택하면 즉시 배경이 바뀐다. 카테고리를 추가할 때도 화면에 직관적으로 나타난다. 카테고리 등록 버튼을 클릭해서 제목을 입력하고 저장 버튼을 클릭하면 새로 생성된 카테고리가 보인다. 현재로서는 RPA 솔루션 중에 마이크로소프트의 파워 오토메이트 클라우드(Power Automate Cloud)가 노코드 방식에 가장 충실하다.

RPA 솔루션 회사들은 그래픽 디자이너, 세무사, 영업 담당자, 창업자 등 IT 프로그래밍을 몰라도 자신의 업무를 직접 자동화해 사용할 수 있는 다양한 제품을 내놓고 있다.

RPA 프로세스를 직접 만들지 않고 내 업무에 활용할 수도 있다. 회사는 개인이 사용할 만한 프로세스를 미리 만들어서 제공하고, 개인은 필요할 때 사용하면 된다. 이때 필요한 것은 자동화할 업무를 정의하는 것뿐이다.

RPA 도입 후 성과가 나타나면서 점점 더 자동화를 적용하는 영역이 증가하고 있다. 종국에는 모든 직원이 엑셀을 사용하듯 RPA 로봇을 사용하게 될 것이다.

2장

RPA,
어디까지 왔는가

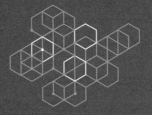

회사의 생산성과 효율화, RPA로 높인다

그렇다면 RPA는 회사의 업무에 어떤 영향을 미칠까? 실제 국내에 도입된 RPA 사례를 보면서 업무를 효율화하고 생산성을 높이는 방법에 관해 살펴보자.

원재료의 시세와 환율 입력에 RPA 로봇을 이용한 제조회사

제조업을 하는 A회사는 RPA를 적용해 업무 효율을 높이는 데 성공했다. 이 회사의 중요한 업무 중 하나는 원재료 시세, 달러와 위안화 환율, 유가 시세를 정확하게 파악하는 것이다. 매일 아침 NH선물, 유가 전문 사이트 오피넷, 중국의 월물 사이트와 환율 사이트, 우리나라 은행의 공시 환율을 검색하고 엑셀로 보고서를 만들어서 관련 부서에 공유 메일을 보내야 한다. A회사는 이 업무를 RPA 로봇에 맡겼다. RPA 로봇은 매일 새벽 6시에 순서대로 시세를 조사하고 보고서를 작성해 메일을 보내는 일을 처리한다.

오피넷에서는 국제 원유 가격인 두바이유와 브렌트유, 미국 WTI 선물 가격을 조회할 수 있다. 2일 전까지 시세를 조회할 수 있으므로 오늘이 4월 15일이라면 RPA 로봇은 4월 13일 시세를 조회한다.

먼저 화면에서 4월 13일자 3가지 가격을 확인한 뒤 '원재료 시세 보고'라는 이름의 엑셀 파일을 열어서 종류별로 각각 가격을 입력한다. 시세 조사와 입력을 마쳤다면 다음 단계로 보고서를 작성한 뒤 담당자에게 메일을 보낸다.

RPA 로봇이 A회사에서 맡은 이러한 업무는 형태가 조금씩 다르지만 많은 회사에서 수행하고 있다. 밀이나 콩과 같은 국제 곡물 가격을 조사하거나, 각국 나라 통화 환율, 비철금속 시세를 조사하는 경우도 있다.

핵심 업무에 집중할 수 있는 A사의 로밍 서비스

통신회사의 업무 중 해외 로밍 서비스 결제가 있다. 해외 방문 시 가입한 통신사에 로밍 서비스를 신청하면 해당 국가의 통신 설비를 이용해 내 휴대폰을 사용할 수 있다.

A통신회사는 해외의 통신회사로부터 청구서와 함께 이용 내역을 받아서 확인 후 정산한다. 다른 국가의 여러 통신회사에서 청구서를 팩스나 이메일 등으로 보내는데 실제 건수가 너무 많아 이것만 처리하는 전문 팀이 있었다.

A통신회사는 이 업무를 자동화하기 위해 크게 2가지로 나눴다.

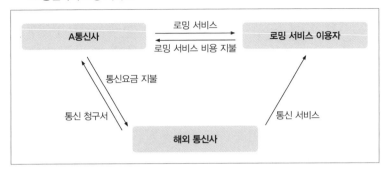

········▶ **A통신사의 로밍 서비스**

로밍 서비스

A통신사 ───────────▶ **로밍 서비스 이용자**
◀───────────
로밍 서비스 비용 지불

통신요금 지불

통신 청구서   통신 서비스

해외 통신사

우선 RPA 로봇이 먼저 수신된 모든 내용을 읽어서 데이터를 저장하고, 사람은 로봇이 처리한 데이터를 확인하고 승인한다. 많은 시간이 소요되는 반복적인 부분을 로봇이 처리하고, 사람은 로봇이 입력한 데이터가 이상이 없는지 판단하고 예외 상황에 대응하는 것이다.

수신된 청구서를 로봇과 사람이 이중으로 확인해 정확도가 올라갔으며, 사람이 전체 데이터를 읽어서 입력하는 과중된 업무를 없애자 예외 처리에 더 집중할 수 있었다.

여기에 더해 예상하지 못한 효과가 나타났다. 사람이 모든 청구서 내용을 확인하고 시스템에 입력할 때 어쩔 수 없는 휴먼에러 (Human Error)가 발생하기 때문에 매일 업무 마감 시 원 단위 금액의 불일치는 인정하는 수준이었다.

이것을 자동화하자 원 단위 금액의 오류가 없어졌다. 이전에는 확인할 수 없는 손실이었는데 자동화 후 확인해보니 생각보다 많은 금액이었다.

이 사례처럼 RPA를 활용하면 전체 업무에서 반복적인 작업이나 대량의 데이터를 처리하는 부분은 로봇에게 맡기고, 사람은 이상 상황을 판단하거나 잘못된 청구서에 대한 처리 등 핵심적인 업무에 집중할 수 있다.

RPA로 시간을 줄인 SSG닷컴의 품질관리 시스템

2020년 12월, 통합 온라인몰 SSG닷컴은 RPA를 품질관리 시스템에 적용해 상품 검수 속도와 정확도를 높였다고 발표했다. SSG몰에 등록되는 전체 판매 상품 정보에 대해 법규 위반 여부와 허위 정보 등을 점검하는 업무였다.

판매자는 SSG몰에 판매할 상품에 대한 설명을 등록하는데, 상품의 장점을 최대한 강조하려는 과정에서 표현이 과장되거나 허위로 작성되는 경우가 있다. 이를 방지하기 위해 SSG몰은 판매자가 등록한 상품 설명 내용을 검수해 법규 위반 여부나 허위 정보를 확인한다. 잘못된 표현, 금지어 사용, 인증 정보나 원산지 오류 표기, 고객의 청약 철회를 방해하는 문구, 비정상 페이지 등을 확인하기 위해 담당자가 직접 상품 페이지에 접속해야 했다.

RPA 로봇은 각각의 상품 웹페이지에 직접 접속해 내용을 읽고, 담당자가 사전에 등록한 기준에 따라 위반 여부를 판단해 그 결과를 담당자에게 알린다.

2019년 기준으로 SSG몰에 등록된 전체 상품 700만 종에 대해 사람이 직접 검수했을 때는 51년 정도가 소요될 것으로 예상했다. 이 업무 전체를 자동화한 2020년 12월 기준 1,000만 종의 상품에 대해

RPA 로봇은 2개월 이내로 처리할 수 있었다.

깊이 생각하지 않아도 되는 일이라면 수행 시간을 줄이는 것이 효율적이다. 위 사례처럼 하나의 업무에서 극적으로 수행 시간을 줄일 수 없더라도 작지만 여러 부분에서 업무 시간을 줄인다면 그 효과는 무시하지 못할 것이다.

챗봇을 활용한 24시간 상담 서비스

넷플릭스(Netflix)는 인터넷(Net)과 영상을 뜻하는 플릭스(Flicks)를 합성해 만든 이름이다. 말 그대로 인터넷을 통해 영화를 볼 수 있는 동영상 스트리밍 서비스다. 우리나라에도 멜론처럼 음악이나 영화와 같은 콘텐츠를 제공하는 회사, 유튜브처럼 다른 수익 모델을 가지고 있는 회사들도 많이 있다.

인터넷을 통한 다양한 스트리밍 서비스가 24시간 356일 제공되고 있다. 이제는 너무 당연하게 여겨지는 인터넷을 이용한 서비스가 수익을 창출하는 사업 영역으로 자리 잡을 수 있는 것은 중단 없는 서비스를 제공할 수 있는 기술이 뒷받침되었기 때문이다.

중단 없는 서비스는 새로운 사업의 기반이 되기도 하지만 기존의 사업 영역에서 더 나은 서비스를 제공함으로써 시장점유율을 높이는 데도 기여한다.

많은 회사들이 고객의 상품 문의에 대해 24시간 상담할 수 있는 채널을 마련해놓고 있다. 회사 홈페이지에는 1:1 상담 채널이 있다. 기본적인 것은 챗봇이 응대하고 상세하거나 상담이 필요할 경우 문의를 남기면 상담 직원이 응대하는 식이다. 새벽 1시에 나의 건강이 걱정되어 필요한 보험 상품을 인터넷으로 검색하다가 문의를 남겼다면 다음 날 나에게 걸려오는 상담 직원의 전화를 충실하게 받을 것이다. 무작정 걸려오는 보험사 판촉 전화는 바로 끊겠지만 말이다. 이처럼 24시간 365일 중단 없는 서비스를 제공하기 위한 기술이 중요해지고 있다.

RPA가 가져오는 새 물결, 혁신과 새로운 기회

혁신의 트리거다

RPA는 회사를 변화시킬 기술이다. RPA의 영향을 혁신과 디지털 트랜스포메이션(Digital Transformation) 2가지로 이야기해보고자 한다.

A회사의 노무부서에는 모든 직원의 근무시간을 확인해 초과근무 또는 휴일근무 수당을 급여에 적용하는 업무가 있다. 이 회사는 자율근무제를 시행하고 있기 때문에 본인의 근무시간 계획을 입력하고 필요할 때는 초과근무나 휴일근무 결재를 올려서 승인받는다. 직원의 실제 근무시간은 출입 때마다 태그하는 직원 카드키 정보가 근태관리 시스템에 저장되면 그 데이터를 확인하는 방식이었다.

노무부서 담당자는 직원의 자율근무 계획과 초과근무 결재 내용을 근태관리 시스템의 데이터와 비교해 이외의 시간에 근무한 기록이 있으면 결재를 상신하도록 해당 직원에게 알림 메일을 보내야 한다. 승인되지 않은 초과근무는 수당이 지급되지 않기 때문이다.

담당자는 건물의 보안을 담당하는 협력업체 담당자가 매일 출입 기록 데이터를 파일로 저장해 클라우드의 공유 폴더에 업로드하면 그것을 다운로드해서 직원의 출입 기록을 확인했다. 사람이 일을 처리하는 경우에 가장 적합한 방식이지만, 문제는 여러 사람이 이 업무를 매일 반복적으로 수행해야 한다는 점이었다.

이 업무를 자동화했을 때 가장 중요한 것은 업무 처리 절차를 재구성하는 것이었다. RPA가 필요한 모든 데이터를 직접 수집할 수 있어야 여러 담당자를 거치는 과정이 자동화될 수 있다. 전체 직원의 자율근무 계획과 결재 시스템의 결재 내역, 근태관리 시스템의 출입 데이터를 RPA가 직접 수집하는 방안을 협의하고, 보안 정책에 따라 근태관리 시스템을 변경했다.

회사에서 RPA가 적용되는 영역은 주로 일상적인 업무, 관리 업무 등 오랫동안 변함없이 기존의 방식으로 처리되는 업무들이다. 그러다 보니 RPA를 적용하는 과정에서 눈에 띄지 않았던 굳어진 업무 프로세스를 개선할 기회를 찾고 효율적인 처리 절차로 재구성하는 효과가 있다.

어떤 업무를 자동화하겠다고 결정하면, 현재 하고 있는 방식 그대로 자동화하는 것이 아니라 기존의 업무 절차를 파악한 후 표준화할 부분이 있는지를 분석하고 재설계를 해서 RPA에 적용한다. 사람과 로봇이 함께 일하는 새로운 업무 절차를 정의하는 것이다. 이 과정을 프로세스 리디자인(Redesign)이라고 한다. 작은 업무 단위라 하더라도 프로세스를 개선하는 것이 혁신의 시작이다.

앞의 사례에서 노무부서 담당자는 RPA를 적용해 업무를 자동화한 후에 이렇게 말했다. "RPA는 이렇게 일을 할 수 있군요." 이 말은 RPA가 작동하는 방식을 이해하기 시작했다는 의미다. 사람과 로봇이 같이 일하는 방식은 기존에 사람이 혼자 일하는 방식과 다르다. 프로세스를 다르게 생각하는 것은 일하는 방식에도 혁신을 가져온다.

생각하는 방식이 바뀌면 일하는 방식도 바뀐다. 항상 하던 절차에 새로운 기술을 적용해 성과를 올리는 경험을 하면 적극적이고 진취적인 태도가 생길 수 있다. 주어진 일만 하는 수동적인 직원에서 나의 일을 적극적으로 개선하고 발전시킬 수 있는 사람으로 변화하는 계기가 된다.

기업의 디지털 트랜스포메이션

몇 해 전부터 기업들의 최대 이슈는 DX(디지털 트랜스포메이션, DT로 표기하기도 한다)이다. DX는 선택이 아닌 생존을 위한 필수 조건이라고 한다. 검색엔진으로 시작한 구글이 현재의 위상을 가지게 된 것이나, SNS를 넘어 자신만의 디지털 화폐로 새로운 경제시장이 되고자 하는 페이스북이 대표적인 성공 사례다. 회사들은 앞다퉈 DX 부서를 만들고 IT 부서의 명칭에 DT를 추가하기도 한다. 이쯤 되면 DX가 무엇일까 궁금해진다.

용어에 충실해 DX는 회사의 수작업 업무를 디지털로 전환하는 것이라고 설명하기도 한다. 또는 회사의 시스템을 모두 클라우드화하는 것을 의미한다고도 한다. 모두 맞는 이야기이기도 하고 뭔가

부족하기도 하다.

DX는 조직(회사)이 새로운 기술과 프로세스, 문화를 공통된 목적에 접목하려는 모든 노력을 가리키는 말이다. 비즈니스의 모든 영역에서 디지털 기술의 역할을 근본적으로 향상해 가치를 이루어내는 변화를 의미하는 것이다. 한 번의 기술 도입이나 시스템의 현대화만을 의미하는 것이 아니라 지속적인 기술 변화를 위해 프로세스와 조직문화를 재구성하려는 노력과 과정까지 포함하는 개념이다.

RPA는 혁신의 트리거가 될 수 있는 위치와 맞닿아 있다. RPA는 지금 내가 하는 반복적인 업무를 자동화하는 것 이상의 의미가 있다. 처음에는 똑같이 모방하는 작은 업무에서 시작하지만, 점차 그 영역이 확대되어 더 넓은 분야에서 프로세스를 개선하고 표준화하는 과정을 지속적으로 진행한다.

RPA가 DX의 모든 것이 될 수는 없지만 새로운 회사 문화를 추구한다는 점에서 일치한다. DX를 실현하고자 할 때 RPA는 좋은 시작점이 될 것이다.

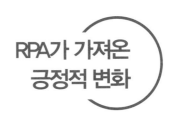

RPA가 가져온 긍정적 변화

매출과 수익성이 오르고 비용이 낮아지다

세계적으로 RPA가 확산되고 있는 만큼 효과나 영향력에 관한 다양한 시장조사 결과가 보고되고 있다. 이미 RPA를 경험한 회사와 담당자의 설문조사를 통해 RPA가 어떤 긍정적인 변화를 가져다주는지 알아보자.

회사의 영향도는 다음의 보고서에서 확인할 수 있다. DX, 기술 및 엔지니어링 분야의 컨설팅을 제공하는 캡게미니(Capgemini)의 보고서 〈자동화 이점(The Automation Advantage)〉에서는 자동화가 비즈니스의 성과 지표에 긍정적인 영향을 미친다고 응답한 비율을 발표했다. 자동화를 먼저 도입한 선두 그룹과 뒤따르는 후발 그룹으로 나눠 영향도의 차이를 비교했는데, 두 그룹 모두에서 회사 매출과 수익성은 높아지고 비용은 낮아졌다고 응답했다.

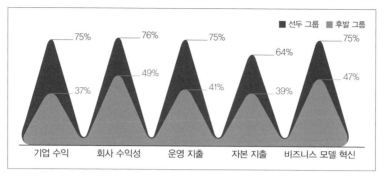

출처: 〈자동화 이점〉, 캡게미니

RPA를 경험한 담당자의 반응은 〈모든 노동자를 위한 로봇: 우리는 사람이 우선인 자동화에 대한 마음가짐을 준비하고 있는가?(A Robot for Every Worker: Are We Ready for a People-First Automation Mindset?)〉에 잘 나타나 있다. 이것은 시장 정보 조사 전문기관 IDC(International Data Corporation)가 글로벌 회계 경영 컨설팅 기업 PwC와 RPA 솔루션 회사 유아이패스의 후원으로 2020년 10월에 발표한 백서이다. 북미, 유럽, 아시아 전역의 19개 산업에서 최소 250명 이상 규모의 회사에 근무하고 있는 431명의 응답자와 인터뷰 결과를 분석한 것이다.

RPA가 조직에 주는 혜택

RPA를 경험한 담당자의 구체적인 RPA 효과를 공식적으로 발표한 것이 'RPA의 사용은 당신의 조직에 어떤 혜택을 제공했는가?'에

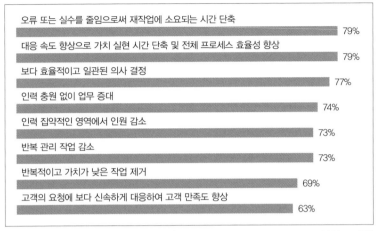

오류 또는 실수를 줄임으로써 재작업에 소요되는 시간 단축
79%

대응 속도 향상으로 가치 실현 시간 단축 및 전체 프로세스 효율성 향상
79%

보다 효율적이고 일관된 의사 결정
77%

인력 충원 없이 업무 증대
74%

인력 집약적인 영역에서 인원 감소
73%

반복 관리 작업 감소
73%

반복적이고 가치가 낮은 작업 제거
69%

고객의 요청에 보다 신속하게 대응하여 고객 만족도 향상
63%

출처: 모든 노동자를 위한 IDC 로봇 설문 조사(IDC Robot for Every Worker Survey 2020, N=377)

대한 설문 결과다.

설문 응답자의 79%가 사람의 실수를 줄여서 업무를 다시 처리해야 하는 시간을 단축했다고 했고, 전체 프로세스의 효율성이 향상되었다는 의견도 79%로 매우 높았다. 동일한 수의 직원으로 더 많은 업무를 처리할 수 있거나 직접적으로 인원을 줄일 수 있었다고 응답한 비중도 73%나 되었다.

무엇보다 의미 있는 것은 프로세스의 효율성이 높아지고 더 나은 의사 결정을 하는 데 RPA가 도움이 되었다는 점이다. 의사 결정을 하기 어려운 경우는 명확한 근거나 자료가 없을 때다. 판단 기준이나 결정을 뒷받침해주는 데이터와 자료가 있다면 확신이 생길 것이다.

반복적이고 가치가 낮은 업무를 로봇이 대신 수행해주어서 업무 시간이 절감된다는 것이 RPA의 가장 큰 효과이다. 이 설문을 통해

한 발 더 나아가 회사의 효율성이 높아졌다는 것을 확인할 수 있다.

RPA가 줄여주는 업무 시간

┈┈┈▶ 질문: 자신의 업무 중에서 너무 많은 시간을 소비하는 분야는 무엇인가?
(RPA를 경험해보지 않은 직원 대상)

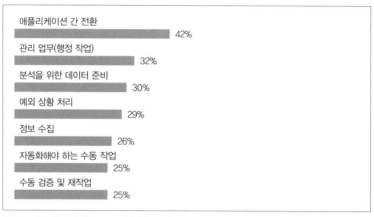

출처: 모든 노동자를 위한 IDC 로봇 설문 조사(IDC Robot for Every Worker Survery 2020, N=377)

이 보고서에는 미처 생각지 못한 내용도 있다. RPA를 경험해보지 않은 직원들에게 자신의 업무 중에서 너무 많은 시간을 소비하는 분야가 무엇인지를 묻는 설문에 애플리케이션 간의 전환, 관리 업무, 데이터 준비, 정보 수집 등이라고 대답했다. 가치에 비해 너무 많은 시간과 노력을 쏟아야 하는 업무가 무엇인지 이미 알고 있다는 것이다. 대안이 없어서 수작업으로 처리한 것이지 방법이 제시되기만 하면 가치가 떨어지는 업무를 바로 로봇에게 전달할 준비가 되어 있었다. 그렇기에 RPA의 효과를 물었을 때 긍정적인 응답이 많았던 것이다.

코로나19 자동 문진, 대출 추천 봇, 햄프킹

국내의 사례는 이러한 설문조사 결과를 확실하게 뒷받침해준다. 코로나19가 확산되었을 때 삼성SDS는 확산 지역 방문자를 조기에 파악하고 빠른 대응과 조치를 위해 매주 일요일마다 전 임직원을 대상으로 코로나19 문진을 시행했다.

이것을 직원이 수행할 경우 휴일근무가 되었겠지만 자동화를 통해 비상 상황의 업무를 처리하면서도 추가 근무는 발생하지 않았다. 휴일근무는 개인에게도 피곤한 일이고 회사도 비용이 발생하기 때문에 선호하지 않는다.

2020년 3월에 KEB하나은행이 밝힌 사례도 상당히 인상 깊다. 하나은행은 주 52시간 근무제가 RPA를 도입한 계기였지만 자동화를 진행하면서 근무시간 단축뿐 아니라 수익도 늘릴 수 있었다고 한다. 회사 정보를 분석한 뒤 최적의 대출 상품을 추천하는 '대출 추천 봇'을 도입한 것이다. 직원이 했을 경우 길게는 1시간 이상 소요되던 것을 2~3분 내로 끝낼 수 있어 직원은 대출을 원하는 고객에게 더 집중할 수 있었다. RPA 로봇을 활용한 영업본부와 활용하지 않은 영업본부의 실적이 크게 차이가 났다고 한다.

RPA를 활용하면 기존의 조직에도 도움이 되지만 새로운 사업 영역을 만들어낼 수도 있다. LG CNS의 사내 벤처로 시작한 햄프킹(Hempking)은 새로운 사업 기회로 RPA를 적극 활용한 사례다.

햄프킹은 RPA·AI 통관 분야 전문 회사로 기존에 컨테이너 1개 기준으로 5시간 소요되던 통관 처리를 5분으로 줄였다. AI 기술을 활용해 전 세계 각지에서 접수되는 인보이스(Invoice, 송장, 거래 물품 명세서)를 로봇이 읽고 관세율을 학습해 관세 비용을 도출할 수 있어 빠른 처리가 가능했다고 한다.

RPA의 활용 범위가 넓어지면서 RPA의 역할에 대한 인식도 변화하고 있다. RPA를 처음 도입했을 때는 기존에 하던 업무를 그대로 대신해줄 것이라고 기대하지만, RPA를 어떻게 활용하는지 이해한 후에는 사람이 일하는 방식을 바꿀 수도 있다고 생각한다.

가치가 낮은 반복적인 자료 수집이나 복잡한 계산이 필요한 검증 업무 등은 RPA가 하고, 사람은 분석하고 예측하거나 복잡한 예외 상황이 발생해 까다로운 대응이 필요한 곳에 역량을 집중하게 되었다. 또 생각하지 못했던 영역을 업무 범위에 포함하는 상상력을 발휘하기 시작했다.

여러 사례를 통해 RPA가 회사에 긍정적인 변화를 가져오는 것은 모두 공감하고 있다. 이제 RPA는 사람이 일하는 방식을 혁신하고 회사의 이익을 높이기 위한 도구로 받아들여지고 있으며, 회사에서 RPA를 어떻게 활용할 것인지, 긍정적인 변화를 극대화하는 방법은 무엇인지 고민하고 있다.

RPA, 이것만은 바로 알자

RPA를 시작하기 전에

지금까지 RPA가 매우 매력적인 기술이며 혁신의 방법임을 알아보았다. 또한 많은 사례를 통해 생산성 향상과 프로세스 개선 효과가 검증되었다. RPA의 효과와 자동화가 가져다주는 많은 기회에 공감하고 도입했지만 기대한 만큼의 결과를 얻지 못할 수도 있다. 부정적인 경험은 부정적인 판단을 강화하므로 RPA를 시작하기 전에 유의할 점을 알아보자.

RPA를 맹신하면 안 된다

RPA를 도입하고자 하는 회사가 가장 경계해야 하는 것은 업무를 자동화하기만 하면 무조건 업무 효율이 높아지고 생산성이 향상된다고 믿는 것이다. RPA는 회사 내 여러 IT 시스템 중 하나가 아니라 회사의 문화이자 일하는 방식이 되어야 한다.

직원이 RPA 개념을 함께 익히고 기존의 업무를 개선하거나 표준화할 부분이 있는지 다시 생각하고 적극적으로 실행하는 과정에 자동화가 포함되고 RPA 로봇의 역할이 정의되는 것이다. 지금 하는 일을 똑같이 모방하는 것은 RPA의 역량을 너무 적게 사용하는 것이다.

RPA를 가장 힘들게 적용했던 업무가 있다. 담당자의 업무 효율이 올라가거나 가치가 낮은 업무를 덜어주는 결과를 얻지 못한 것이다. 서버와 같은 전산 장비를 유지 보수하는 업체의 계약을 관리하는 업무였다. 사용 부서의 요청으로 서버의 하드디스크나 메모리, 네트워크 장비 등을 증설하려면 우선 서버에 설치하고 그 내용을 추가로 계약하기 위해 처리 당월에 업체가 추가된 내용을 제안서로 제출해야 한다. 담당자는 여러 업체에서 매월 보내는 제안서 내용을 엑셀 파일에 기록하고 관리하는 업무를 자동화하기를 희망했다.

우선 업체로부터 수신된 메일의 내용을 읽고 관리용 엑셀 파일에 추가 입력한다. 당월 데이터는 주황색으로 표시하고 전월 데이터는 노란색, 그 이전 데이터는 하얀색으로 변경한다. 담당자는 색으로 구분하면 편리하다고 하면서도 이유를 말해주지 않았기 때문에 다른 효율적인 방식이 있는지 대안을 모색할 수 없었다.

주황색으로 당월 현황을 파악하기보다는 당월 현황 표와 그래프를 별도로 작성하는 것이 더 간단하고 빠를 것이다. 그리고 주황색과 노란색으로 당월과 전월을 비교하는 것보다 비교 그래프를 추가로 작성하는 것이 더 효율적이다. 하지만 이 주황색과 노란색 데이터가 어떻게 활용되는지 담당자도 몰랐기 때문에 이전에 해오던 방식 그대로 자동화했다.

RPA의 효과와 성공 사례는 매우 많지만 RPA를 도입한다고 해서 저절로 업무 혁신이 일어나 경쟁력이 높아지지 않는다. 업무 혁신에는 한 가지 해답만 있는 것이 아니다. RPA 도입과 함께 적용해볼 수 있는 방법으로는 업무 프로세스를 표준화하는 것이다. 직원은 자신의 업무가 왜 필요한지를 파악하고 전체 업무 프로세스에서 불필요한 과정이 있는지 점검해본다. 경우에 따라 달라지는 부분에서는 표준화 양식을 적용할 수 있는지 확인한다.

회사 전체의 업무 프로세스도 동일하게 생각할 수 있다. 크게 보면 BPR(Business Process Reengineering, 업무 재설계, 기업 경영 혁신을 위해 기업 경영 전반을 분석해 경영 목표를 달성하는 데 가장 적합하도록 재설계하고, 그에 따라 기업 형태, 사업 내용, 조직 등을 재구성하는 것)이라고 할 수 있다. BPR은 RPA보다 오래된 전문 분야로 여기서 언급할 주제는 아니다. 다만 전사적인 BPR뿐만 아니라 개인의 업무에도 효율적인 방식을 찾아보고 개선하면서 RPA를 적용하는 것이 더 효과적이다.

RPA의 효과를 높이려면 회사는 다양한 교육과 강의, 행사 등을 통해 직원의 의식을 전환해야 한다. 이와 함께 직원 개개인도 적극적으로 참여하고 아이디어를 내는 자세가 중요하다.

사람이 활용하지 않으면 RPA는 아무것도 아니다
RPA의 능력이 아무리 뛰어나도 분석 능력, 의사소통, 문제 해결은 사람 없이 인공지능을 포함한 디지털 기술만으로 해결할 수 없다. 모든 업무는 사람의 개입이 절대적으로 필요하다. RPA는 어디까지나 사람을 보조해 노동 강도를 줄이면서 생산성을 높이는 역할을 한다. 그러므로 사람이 활용하지 않는다면 RPA는 아무것도 아니다.

하지만 사람도 이러한 디지털 기술을 적절히 활용하지 않는다면 생산성을 올리기 어렵다. 단순 업무를 처리하느라 귀중한 시간을 보내는 것은 낭비다. 결국 기계와 사람이 함께 일하는 방식이 업무의 미래가 될 것이다.

RPA 로봇은 스스로 알아서 척척 하지 못한다

RPA를 소개할 때 '자동화'를 이해하는 과정에서 종종 오해가 생긴다. RPA를 처음 접하는 사람은 SF 영화에 등장하는 로봇을 떠올리면서 RPA 스스로 프로세스를 척척 처리할 것으로 기대한다.

RPA로 구현하기만 하면 프로세스가 자동으로 실행될 것이라고 기대하다가 오류가 발생하면 큰 실망을 한다. 하지만 RPA의 작동원리를 생각하면 정상적으로 수행되지 못하는 상황이 생길 수도 있다는 것을 알게 된다. 예를 들어 특정 웹사이트에서 데이터를 검색하려고 할 때 이 웹사이트에 문제가 생기면 로봇은 주어진 일을 처리할 수 없다.

RPA 구축 시 이러한 예외 가능성을 고려해 여러 대안을 준비하지만 100% 자동 수행은 현실적으로 불가능하다. 그러므로 RPA 로봇의 오류 상황에 대한 관리가 필요하다. 로봇의 오류를 관리하지 않으면 업무 담당자는 로봇의 처리를 믿지 못하고 직접 업무를 처리하게 된다. 로봇의 프로세스 수행 여부와 관계없이 업무는 진행되어야 하므로 로봇은 방치되고 RPA 도입 전으로 돌아갈 수 있다. 이것을 '로봇 무시 현상'이라고 하는데 RPA를 구축하는 입장에서 가장 경계해야 하는 상황이다.

사람의 업무를 대체하는 것을 목표로 RPA를 도입하지만 그렇다고 해서 로봇이 모든 것을 스스로 할 수는 없다. 100명이 하던 업무 전체를 자동화하더라도 로봇이 수행한 결과를 확인하고 필요할 때는 보정하거나 확정하는 최소한의 인원이 있어야 한다. 한 명의 사람도 없이 로봇만으로 처리할 수는 없다. RPA 로봇을 인턴 직원으로 생각하면 적당할 것이다. 해야 할 일을 정해주고, 얼마만큼 처리했는지 확인하고, 제대로 처리되지 못한 경우 원인을 파악해 다음에는 정상적으로 처리될 수 있도록 관리해야 한다.

RPA가 엑셀은 아니지만 직접 사용할 수 있다

앞에서 RPA의 특징 중 하나가 로코드라고 말했다. 실제로 RPA 솔루션 회사는 전문 개발자들이 사용하는 프로그램과 함께 직관적으로 사용 가능한 쉬운 프로그램도 추가하고 있다.

RPA가 확장되고 성숙되는 방향 중 하나가 '1인 1로봇'이다. IT와 무관한 일반 사용자들이 직접 업무를 자동화할 수 있는 것을 말한다. 개인이 직접 해봐야 자동화가 무엇인지를 정확하게 이해하고 제대로 활용할 수 있다. 이런 이유로 RPA를 도입한 회사들이 RPA 내재화를 강조하는 것이다.

교육과정에서 RPA가 무엇인가를 설명하면 참석자 모두 흥미를 가지고 본인의 업무 중에서 자동화할 수 있는 것이 무엇인지 고민하며 집중한다. 하지만 실습 과정이 시작되고 RPA 프로그램을 설치하면서 어렵게 느끼기도 한다.

먼저 RPA 프로세스를 개인 업무에 이용해보자. 어떤 업무에서 필요한지, 어떻게 사용할 것인지를 생각한다. 그리고 RPA가 익숙해졌을 때 RPA 프로세스를 직접 만들어볼 수 있다.

RPA 전문가가 아닌 일반 개인이 사용할 때 가장 먼저 해야 할 일은 업무에서 표준화하거나 RPA를 적용할 수 있는 아이디어를 생각하는 것이다. 여기서 한 걸음 더 나아가 아주 간단한 것들은 직접 활용해본다. 엑셀을 사용해보면 엄청난 활용에 놀라듯이, RPA도 충분히 직접 해볼 수 있다. 직접 만들어서 비서처럼 활용할 수 있다면 가장 앞서서 새로운 사례를 만드는 사람이 될 것이다.

RPA는 과정이며 여정이다

RPA는 처음 한 번 도입하는 것으로 모든 효과를 얻을 수는 없다. 처음에는 RPA가 무엇인지, 효과가 어느 정도인지를 확인하는 것이 목표이다. RPA의 효과를 확인한 다음에는 자동화의 적용 범위를 확대하는 과정이 진행된다.

RPA를 처음 도입할 때는 가볍고 영향도가 적은 업무를 대상으로 시작하고, 다음에는 자동화 효과가 크거나 회사 내 중요 업무까지 고려한다. 특정 부서에서 RPA를 시작한 후 그 성과를 공유하고 회사 내 다른 부서까지 자동화를 확대하기도 한다. 회사마다 단계의 차이는 있지만 순서대로 RPA의 적용 범위를 넓혀가고 있다.

RPA를 확장하려고 할 때 어려워하는 것 중 하나가 자동화할 업무가 없다는 것이다. 자동화할 업무가 없다는 말은 2가지로 해석할 수 있다. RPA를 처음 도입할 때는 자동화할 업무가 많다. 그중에서 가장 자동화 효과가 큰 업무를 선택해 RPA를 적용했을 것이다. 예를 들어 출장 경비를 등록하는 업무는 모든 직원이 해야 하는 일이다. 이것은 '출장 경비 등록'이라는 하나의 자동화이지만 모든 직원의 일을 대신하므로 자동화 체감 효과가 크다. 하지만 회사의 일은 부서별, 담당자별로 다르기 때문에 이처럼 자동화 효과가 큰 업무는 많지 않다.

효과가 큰 업무를 자동화해본 기억 때문에 굳이 이런 것까지 자동화할 필요가 있을까 하고 자동화할 업무가 없다고 생각하는 것이다. 도입 초기에 적용한 업무만큼 자동화 효과가 큰 업무는 많지 않다. 초기의 높은 ROI(Return on Investment, 투자수익률)를 계속 기대하는 것보다는 꾸준히 직원의 업무 효율을 높이는 장치로 생각할 필요가 있다.

자동화할 업무가 없다고 느끼는 두 번째 이유는 업무를 표준화하는 방법을 모르거나 사람이 처리하는 것이 더 익숙하기 때문이다. 로봇은 일정한 규칙이 필요하므로 업무 규칙을 정하고 프로세스를 정리하는 표준화 과정을 반드시 거쳐야 한다. 이 과정 없이 바로 자동화하는 것은 비효율적이므로 자동화할 필요가 없다는 생각이 들 수 있다.

RPA 담당자가 말하는 다른 어려움은 RPA 로봇이 너무 빈번하게 오류를 일으키거나 로봇이 수행한 업무 프로세스가 관리되지 않는 것이다. 업무를 표준화하는 과정 없이 RPA 스크립트를 개발하면 복잡하게 수행될 수도 있고, 대상 업무에 대한 분석이 미흡해 비슷한 RPA 프로세스가 중복될 수도 있다.

RPA의 여정을 진행하다 보면 최초의 효과만큼 만족스럽지 못한 상황에 놓일 수 있지만 그러한 과정이 지나면 더 높은 만족을 얻을 수 있다.

RPA 전문가들이 말하는 RPA 여정의 끝은 일반 담당자가 직접 RPA를 활용하거나 스크립트를 개발하는 환경이다. 적극적으로 RPA를 받아들이고 활용할 의사가 있으면 누구나 자동화의 효과를 누릴 수 있다. 개인이 직접 RPA 로봇을 관리하고 실행할 수 있다면 나의 업무를 보조하는 비서를 두는 것과 같다.

전 세계 RPA
시장의 현주소

RPA 시장 예측

2021년 현재 RPA 시장은 전 세계적으로 가파른 상승세를 보이고 있다. IT 산업 리서치 업체 가트너(Gartner)는 매년 RPA 시장에 대한 분석과 전망을 발표한다. 2020년 9월의 발표에 따르면 2021년에는 로봇 프로세스 자동화와 관련된 소프트웨어 매출이 18억 9천만 달러(약 2조 1,651억 원)로 2020년에 비해 19.5% 증가할 것이라고 했다.

코로나19 대유행으로 인한 경제적 압력에도 불구하고 2020년에도 RPA 시장은 11.94% 성장했고 2024년까지 두 자릿수로 계속 성장할 것으로 예측했다. 가트너는 2022년까지 전 세계 대기업의 90%가 RPA를 어떤 형태로든 채택할 것으로 내다봤다.

글로벌 시장조사 기관인 HFS리서치(HFS Research)는 주로 기술 및 서비스 산업에 대한 정보를 제공하고 있다. 가트너가 RPA의 소프트웨어 매출만을 집계했다면, HFS리서치는 소프트웨어와 관련

⋯⋯▶ 세계 RPA 소프트웨어 매출 추세

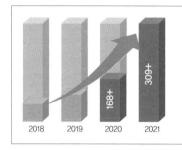

(단위: 백만 미국달러)

	2018	2019	2020	2021
예산 ($M)	846	1411.1	1,579.5	1,888.1
성장률 (%)	63.1	62.93	11.94	19.53

출처: 가트너(2020. 9.)

⋯⋯▶ 세계 RPA 연간 지출 추세

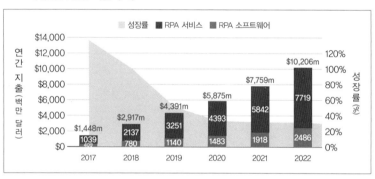

출처: HFS 리서치 2019(RPA 소프트웨어, 서비스 포함)

한 전문 서비스를 포함한 수치로 RPA 시장을 분석했다.

  HFS리서치의 오스트레일리아와 뉴질랜드 지역 대표인 마틴 밀소어프(Martin Milthorpe)가 2020년 3월 RPA 프로그램 회사인 유아이패스와 함께하는 웨비나를 통해 RPA 시장의 전망을 발표했다. 그에 따르면 2017년 이후 RPA는 연간 30% 이상의 복합적인 성장률을 유지해왔으며, 이는 2023년까지 계속될 것이라고 한다. 2017년 14억 달러에서 2019년 44억 달러(약 5조 397억 원)로 3배 이상 성장했으며, 2020년에는 소프트웨어와 전문 서비스를 포함해 59억 달러(약 6조 7,590억 원)를 기록할 것으로 예상했다.

또 다른 글로벌 시장조사 기관인 리서치앤마켓은 2019년 4월에 펴낸 〈전 세계 RPA 시장점유율 트렌드 분석〉 보고서에서 전 세계 RPA 시장이 2020년부터 연평균 31.1%의 성장률을 보이며 2025년까지 39억 7천만 달러(약 4조 6,719억 원) 규모를 형성할 것으로 전망했다. 국내에서도 RPA 시장이 커지고 있는 것을 실감할 수 있다. 점점 더 많은 회사에서 RPA를 도입하고 RPA의 영역을 넓혀가고 있다.

분야별 분석

인도와 미국 기반의 시장조사 기관인 GVR(Grand View Research)이 발표한 RPA 시장분석 보고서에 따르면 RPA는 대기업 분야가 시장을 주도해 2019년에는 세계 매출의 67% 이상이 대기업에서 나왔다고 한다. 최근에는 중소기업에서 자동화 활용의 이점에 대한 인식이 급증하고 있는 만큼 앞으로 높은 연평균 성장률이 예측된다.

특히 BPO(업무 처리 아웃소싱, Business Process Outsourcing)에서 RPA의 도입이 늘어나고 있는데, 중국, 인도와 같이 아웃소싱 업무의 비중이 큰 국가에서 특히 성장할 것으로 예상했다. 이 보고서에 따르면 비용과 인적자원 측면에서 한계가 있는 중소기업은 운영비용을 가능한 줄이기 때문에 업무 수행의 주체가 근로자에서 로봇으로 전환되었다고 한다.

GVR은 산업 분야별로도 분석했는데 은행, 보험과 같은 금융 산

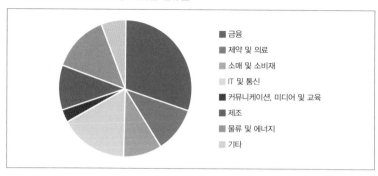

- 금융
- 제약 및 의료
- 소매 및 소비재
- IT 및 통신
- 커뮤니케이션, 미디어 및 교육
- 제조
- 물류 및 에너지
- 기타

출처: www.grandviewresearch.com

업에서 2019년 세계 매출의 29% 이상을 차지할 정도로 RPA 시장을 주도한 것을 알 수 있다. 금융 서비스 회사들은 기존 시스템을 활용해 업무를 처리하고 있지만 이러한 시스템 사이의 통합은 점점 더 어려워지고 있다. 더구나 기존 시스템으로 구성된 데이터는 점점 더 많아지고 있다. 이러한 데이터들을 처리하는 자동화는 확대하고 조직은 고부가가치 고객을 위한 업무나 전략적인 역할에 집중하기 위해 자원을 재조정하는 노력을 하고 있다.

제약과 의료 부문은 2027년까지 가장 높은 연평균 성장률을 보일 것으로 예상했다. 노동집약적인 활동과 환자 데이터에 대한 비밀 준수를 요구하는 의료 산업에서는 증가하는 데이터 처리량을 해결하기 위한 대안으로 RPA 기술을 적용하고 있어 의미 있는 자동화 사례가 나오고 있다.

유아이패스에서 발표한 의료 산업 분야의 사례로는, 인도에서 수기로 작성된 환자 정보를 인식해 평가한 후 적절한 카테고리로 정리하는 업무에 자동화를 적용한 것이다. 의료 서비스 기관들은 스마트 도구를 사용해 입원 및 퇴원, 임상 데이터 상호 운용, 건강 계획과 같은 업무 자동화를 구현하고 있다.

지역별 분석

GVR의 데이터에 따르면 북미 지역이 확실하게 앞서가고 있다. 북미 지역이 RPA 시장을 장악해 2019년 382만 9천 달러(약 44억 원)로 세계 매출의 37% 이상을 차지했다. 이것은 북미 지역 전체에 걸쳐 자동화 및 프로세스 관리 솔루션의 침투가 증가했기 때문이다. 또 회계·금융, 인적자원 관련 프로세스, 조달 등 사업 기능 내에서 RPA를 채택하려는 성향이 강한 중소기업이 RPA 시장의 성장에 크게 기여했다고 분석했다.

미국에서 RPA가 크게 활성화되는 이유는 정부의 역할도 크다. 미국 정부는 RPA를 강조하며 2020 회계연도 예산안에 다음과 같이 기록할 정도로 자동화에 대한 효과와 사람이 해야 하는 일의 가치를 분명하게 인식하고 있다. 미국 정부는 RPA 도구의 이점을 깨닫고 다른 모든 정부기관이 성장을 촉진하는 RPA를 구현하도록 권장하고 있다.

고부가가치 작업으로 전환

행정부는 오류를 줄이고 규정 준수를 개선하며 연방 노동력을 고부가가치 작업에 집중하기 위해 RPA(Robotics Process Automation) 및 기타 신흥 기술을 사용하고 있다.

미국 행정관리청(General Services Administration, GSA)의 CFO는 연간 약 1만 2천 시간의 노동시간을 절반의 비용으로 소비하는 작업을 자동화한 후 직원들을 고부가가치 업무로 옮겼다.

국립항공우주행정센터는 자금 배분, 조달, 이미지 문서화, 스캔 파일, 보조금 패키지를 구축하기 위한 폴더 만들기 등 9가지 프로세스를 실행하는 4개의 조직 형태(TF)를 보유하고 있다.

HHS(보건사회복지부)는 상당한 비용 절감을 가져다줄 계약 차량을 통합할 기회를 찾는 데 인공지능을 사용하고 있다.

IT 비용을 통한 성과 향상

투명성(CAP 목표 10). 이 목표는 자동화를 통해 권위 있는 출처의 예산, 인수 및 재무 데이터를 활용하는 것을 목표로 한다. 연방 직원들은 종종 권위 있는 출처가 아닌 데이터 항목을 복제하기보다는 분석 및 전략 권고로 업무를 전환할 수 있을 것이다.

우리나라가 속한 아시아태평양 지역은 상대적으로 RPA가 늦게 시작되었다. 그중에 선도 국가인 일본과 인도는 앞으로 2027년까지 43.3%로 높은 연평균 성장률을 기록할 것으로 예상하고 있다. 중국과 인도의 BPO 부문에서 RPA 프로그램에 대한 수요가 증가하면서 이 지역의 성장에 기여하고 있다고 한다. 그러나 이 지역의 RPA 교육훈련과 숙련된 전문가의 부족은 기술 구현에 있어 우려되는 사항으로 판명되었다. 지역 내의 인식이 향상되면 로봇 프로세스 자동화 시장의 성장이 촉진될 것으로 예상된다.

　세계 각 시장조사 기관들의 RPA 시장 전망에 관한 수치는 조금 차이가 있지만 앞으로 시장이 가파르게 성장할 것이라는 분석은 일치한다.

대한민국에 도입된 RPA 현황

발 빠른 대기업

우리나라는 언제부터 RPA를 도입하게 됐을까? 현재 일반적으로는 2018년부터 RPA를 도입하기 시작했다고 보고 있다. 우리나라도 글로벌 추세와 비슷하게 대기업과 금융 분야에서 먼저 RPA를 도입하게 됐다.

LG전자는 스마트워크를 위해 2018년부터 회계, 인사, 영업, 마케팅, 구매 등의 업무에 자동화 기술을 적용했으며, 인공지능이나 빅데이터 분석 등의 기술을 RPA와 결합해 자동화 업무 영역을 계속 넓혀가고 있다. 특히 국내는 물론 해외법인 직원들에게도 정기적으로 RPA 활용 사례를 공유해 스마트하게 일하는 문화를 전파하는 데 집중하고 있다.

LG CNS는 단순 개발이 아닌 RPA 도입부터 개발, 운용까지 전 과정을 포함하는 통합 서비스 제공을 목표로 국내 RPA 회사인 시메이션에 투자해 사내 연구·개발을 지원하고 있다.

삼성전자는 2018년에 RPA 도입을 위한 표준 프로그램을 선정하고 RPA 도입 계획과 관리를 위해 'RPA 자동화 운영사무국'을 구성했다.

더 나아가 삼성SDS는 2019년에 RPA 솔루션인 브리티웍스(Brity Works)를 자체 개발했고 이미 보유하고 있는 인공지능 기술과 결합해 자동화 프로그램 '브리티 RPA'로 업그레이드했다. 삼성SDS는 브리티 RPA를 도입한 후 11개월 만에 임직원 업무 2만 2천여 건을 자동화해 82만 시간을 절약했으며 이는 직원 한 명당 평균 2개 정도의 업무를 자동화한 것이라고 한다. 삼성SDS는 자체 개발한 브리티 RPA를 통해 삼성의 주요 관계사에서 국내외 회사로 자동화 영역을 넓혀나가고 있다.

포스코ICT에서 출시한 에이웍스(A.WORKS)는 국산 RPA 제품으로 고난도 업무를 자동화할 수 있는 기능을 지원함과 동시에 일반 사용자 대상 1인 1봇 현실화를 위한 봇 기능이 강화된 것이 특징이다. 포스코는 RPA의 필요성과 효과를 직원이 더 쉽게 접할 수 있도록 '일하는 방식 변화를 위한 RPA 경진대회'를 열어 큰 호응과 적극적인 참여를 이루었다고 한다.

대기업들이 RPA를 도입한 대표적인 몇 가지 사례를 예시로 들었다. 이외에도 정말 많은 회사에서 RPA를 관심 있게 살펴보고 적극적으로 도입하고 있다.

가장 적극적인 금융

하나금융그룹은 2018년 금융 업무에 RPA를 적극적으로 도입하고자 포스코ICT와 금융 RPA 및 디지털 사업 공동 추진을 위한 협약을 체결하고, 하나카드, 하나금융투자 등 전체 관계사에서 RPA를 활용하고 있다.

하나금융그룹의 주요 회사인 KEB하나은행은 RPA 로봇을 '하나봇(HANABOT)'으로 브랜드화했고 부서 간 RPA와 관련된 노하우를 공유하는 '하나봇Day'를 정례화해 로봇과 협업의 필요성을 그룹 차원에서 진행해 공감대를 형성하고 있다.

하나은행에서 RPA의 성과로 발표한 사례를 보면, 회사의 신용등급 자동 업데이트를 통한 통합신용대출 금리 산출, 주요 파생거래 실시간 확인, 자금세탁 고위험군 데이터 자동 추출, 지점 감사 녹취 항목 자동 점검 등이 있다. 각 업무의 특성을 봤을 때, 실시간으로 대량의 데이터를 분석해야 하는 업무에 RPA를 적용해서 높은 효과를 얻고 있다고 볼 수 있다.

KB국민은행은 2017년에 회사 여신 실행, 중개업소 조사 가격 적정성 점검, 'KB 매직카' 중고차 시세 정보 수집, 'KB부동산 Liiv ON'의 매물 실소유자 정보 검증 업무에 RPA를 적용했다고 공개했다. 그 성과로 2019년부터 본격적으로 RPA 전문 조직인 RPA 에이스(ACE)를 갖추고, 2020년에는 183개 업무를 자동화해 연간 125만 시간을 절감했다고 발표했다.

특히 AI의 머신러닝 기술을 적용해 고객 회사가 보내는 다양한 형태의 급여 이체 서식을 읽어서 내부 시스템에 등록하는 업무를 자동화한 것이 눈에 띈다.

NH농협은행은 2020년 대규모 RPA 도입 프로젝트에 성공했다. 신한은행 등 주요 은행 외에 대구은행 등 지방은행도 RPA를 도입했거나 도입할 계획이라고 밝혔다. 은행뿐만 아니라 한국투자증권 등 증권사도 적극적으로 도입하고 있다.

보험업계에서는 삼성화재, 현대해상, 교보생명 등 많은 회사에서 RPA를 확대하고 있다. 특히 보험회사는 챗봇과 RPA를 연결해 업무 이외 시간의 고객 상담에 적극적으로 활용하고 있다.

효과가 클 것으로 기대되는 공공 부문

공공 부문은 반복적이고 표준화된 업무가 많다. 그래서 RPA를 통한 자동화 효과가 클 것으로 기대되는 분야다. 이를 증명하듯 2019년에 공시된 공공 부문의 RPA 사업은 총 12개로 대부분 새로운 RPA의 도입 여부를 결정하는 성격이었다면, 2020년의 RPA 사업은 총 19개 모두 본격적인 자동화 구현을 목표로 하고 있다. 그중에는 2019년에 도입한 RPA의 연장과 확장 사업도 있다. 2021년 3월 기준으로 총 10개 사업이 공시되었으며 고도화를 위한 AI 기술 결합을 포함하고 있다.

우리나라 공공기관은 e나라도움, 알리오 등과 같이 반드시 이용해야 하는 시스템이 있다. 이 시스템과 관련된 업무는 여러 공공기관의 자동화 업무 대상으로 선택되는데, 가장 대표적인 것은 e나라도움 관련 업무다.

e나라도움은 국고보조금 통합관리 시스템으로 기관은 정부에서 사업 예산을 지원받으면 사용 내역을 상세하게 등록해야 한다. 그런데 이것은 예산 지출이므로 기관의 ERP 시스템에도 등록해야 한다. 대부분의 직원이 예산 과목에 맞춰 차변과 대변의 양식대로 지출 내역을 입력하고 증빙자료를 업로드한다. 하지만 회계 과정은 단순하지가 않다.

이럴 때 직원은 신청서 양식에 계정 과목, 금액, 담당자 사번 등 필요한 정보를 입력한 후, 사용한 영수증 또는 참가 인원 명단 등의 증빙자료와 함께 RPA 로봇에게 등록을 요청한다. RPA는 요청이 오는 순간 즉시 신청 내역을 확인한 후 ERP 시스템과 e나라도움에 등록한다.

공공기관은 보통 인터넷망과 업무망으로 분리되어 있으므로 ERP 시스템과 e나라도움의 연계를 잘 구성해야 하는 어려움이 있다. 그럴 때는 기관 내 ERP 시스템에 등록하는 것은 직원이 직접 하고, ERP 시스템 데이터를 기준으로 e나라도움에 등록하는 부분만 자동화한 경우도 있다. 동일한 업무이지만 기관의 IT 환경과 업무 방식에 따라 프로세스가 다르게 표준화될 수 있는 것이다.

공공 업무에서 큰 부분을 차지하는 것 중 다른 하나는 신청서나 자격증명 서류를 받아서 처리하는 것이다. 개인 또는 사업자의 신청 서류, 자격증명 서류의 내용을 확인해 관련 시스템에 등록하는 업무가 많다. 학교 급식의 식자재를 납품하는 공급업체의 자격을 관리하는 A기관은 공급업체의 서류를 심사하는 업무를 한다. 서류 심사를 위한 증빙자료는 납품 차량에 대한 차량등록증, 보험증권,

소독필증과 사람의 건강진단결과서이다. 필요한 서류가 모두 갖춰지고 시스템에 등록한 내용과 일치하는지를 심사하는 업무를 자동화했다.

이 업무의 핵심은 다양한 양식의 증빙자료 이미지를 정확하게 읽어서 시스템 데이터와 비교하는 것이다. 이미지 데이터를 읽는 OCR 기술에 문서 양식을 구분하는 AI 기술을 결합한 클라우드 서비스를 RPA에 결합해서 자동화했다.

개인도 RPA에 적응해야 한다

전 세계 산업별 RPA 적용 비중을 보면 우리나라와 비슷한 부분도 있고 그렇지 않은 부분도 있다. 금융 부문은 우리나라도 RPA를 앞서 도입했고 적용 범위도 적극적으로 확장하고 있다. 반면 의료 분야는 비교적 소극적으로 접근하고 있다. 대기업 중심으로 RPA가 도입되다 보니 영리법인 의료기관이 없는 우리나라에서는 천천히 도입되는 것이다. 우리나라는 RPA 도입이 3년 정도 늦게 진행되고 있지만 효과와 사례가 쌓이면 앞으로는 달라질 것이다.

RPA를 도입한 회사는 대부분 자동화 효과 가능성을 확인하고 지속적인 확대와 조직 내 업무에 쉽게 활용하는 문화를 정착하기 위해 다양한 시도를 하고 있다. RPA 전문 조직을 만들고 역할을 정의하며, RPA 포털 시스템을 활용해 체계적이고 효율적인 관리를 시작한 곳도 있다. 앞으로 국내에서 RPA를 적용하는 회사가 점점 더 많아지면 더 다양하고 혁신적인 사례가 나타날 것이다.

RPA는 회사 내 하나의 문화이자 업무 방식으로 자리 잡을 것이다. 현재는 대기업이 앞장서고 있지만 점차 중소기업으로도 확산해가는 추세이므로 개인도 이러한 환경에서 새로운 업무 형태에 적응해야 한다.

앞으로 RPA는 어떻게 될까

RPA의 출발

RPA는 매크로 프로그램에서 시작되었다는 의견도 있고, 테스트 프로그램에서 시작되었다고도 한다. IT 애플리케이션 중에 시스템 테스트 목적의 프로그램에서 확장되었다는 것이다.

사실상 둘 다 같은 이야기다. 매크로 프로그램도 사람이 해야 하는 반복적인 작업을 대신 처리하는 것이고, 테스트 프로그램도 새로 만들어진 시스템의 성능을 꼼꼼히 테스트하는 매우 반복적이고 귀찮지만 하지 않을 수 없는 작업을 대신하는 것이다. 궁극적으로는 사람이 하기 싫은 일을 대신 해준다는 점에서 같은 의미다.

이렇게 단순한 자동 수행의 개념이 지금처럼 가상의 노동력으로 인정할 수 있는 RPA가 되었다. 그렇다면 RPA의 미래는 어떤 모습일까?

RPA의 현재

2018년 우리나라에 RPA가 본격 도입되기 시작할 즈음 세계적으로는 많은 회사가 RPA를 확장하고 있었다. 글로벌 리서치 회사 중하나인 에베레스트 그룹(Everest Group)은 2018년 10월에 〈Smart RPA Enterprise Playbook〉을 발표했다. 여기서 회사의 RPA 도입을 '시작(Basic) → 일반(Typical) → 발전(Advanced) → 정점(Pinnacle)' 4단계로 나누었다.

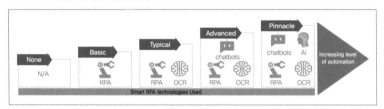

▶ RPA 기술에 의한 발전 단계

출처: 〈Smart RPA Enterprise Playbook〉, Everest Group

'시작' 단계는 RPA가 기계적으로 단순하고 반복적인 업무만을 처리한다. '일반' 단계는 OCR을 RPA에 활용하는 것이고, '발전' 단계는 조금 더 복잡한 챗봇을 RPA와 연계하는 것이다. 마지막 '정점' 단계는 RPA와 AI가 결합해 인지적인 판단을 할 수 있는 프로세스를 실행하고 RPA가 업무를 담당할 수 있는 수준에 도달한 상태이다.

이 정점의 자동화 수준은 2021년 현재 우리나라에서도 RPA를 도입한 회사의 여러 사례에서 쉽게 찾아볼 수 있다. 겨우 2년이 지났을 뿐인데 정점의 단계가 실현되었을 정도로 RPA 관련 기술은 빠르게 진행되고 있다. 물론 이 단계는 기술에 집중한 경향이 있고, 정점의 단계를 구현한 사례가 도전 과제 정도이기는 하다.

OCR은 그림이나 사진과 같은 이미지에 들어 있는 글씨를 읽어서 데이터로 전환하는 기술을 의미한다. 사람은 영수증에 찍힌 금액을 눈으로 읽지만, 로봇처럼 컴퓨터 프로그램은 문자 데이터만 읽을 수 있다. 그래서 영수증 이미지를 문자 데이터로 전환해야 한다. OCR을 상세하게 설명하는 이유는 RPA와 가장 많이 결합하는 기술이기 때문이다. 문자나 음성으로 대화하는 컴퓨터 프로그램이나 인공지능 챗봇은 우리에게 매우 익숙한 AI 기술이다.

현재 RPA와 가장 많이 연결되는 기술이 OCR과 챗봇인데 자동화 진행 3단계인 발전 단계에 속한다. 실제 업무를 자동화하는 상황을 생각해보면 쉽게 이해할 수 있다. 내가 업무에 사용한 영수증을 경비로 처리하기 위해 비용정산 시스템에 입력하는 것을 자동화하면 아래와 같다.

······▶ **RPA 프로세스에서 챗봇과 OCR 활용하기**

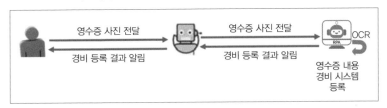

내가 사용한 영수증을 사진으로 찍는다. 회사의 챗봇 메신저에 경비 처리를 요청하면 챗봇이 영수증 사진과 관련한 업무 내용 등을 확인한다. 챗봇은 RPA 로봇에게 경비 등록 업무 자동화 프로세스 실행을 요청하고, RPA는 OCR 기능을 이용해서 전달받은 영수증의

금액을 읽고 관련 내용을 시스템에 등록한다. RPA 로봇은 처리 결과를 챗봇에게 전달하며 마지막으로 챗봇은 나와의 메신저 창에 경비가 등록되었음을 알린다.

챗봇이나 지능형 OCR은 발전한 AI의 형태로 목적이 명확한 상용 서비스처럼 제품화되었다. 좀 더 업무적으로 활용할 수 있는 AI 모델도 RPA와 결합하는 네 번째 정점 단계에서 실제로 도입되었다.

RPA를 도입해서 확장하고자 하는 많은 회사는 앞선 사례를 벤치마킹해 자사의 업무에 활용하고 있다.

RPA의 미래

그럼 RPA의 다음 단계는 어떤 모습일까? PwC 컨설팅 최준걸 상무는 2021년 2월 '완전히 자동화된 회사와 RPA+X'의 온라인 행사에서 RPA 발전 단계를 다음과 같이 이야기했다.

1단계는 작은 자동화로 업무 범위를 작게 잡고 반복성과 규칙성에만 집중해 자동화 대상을 선정한다. RPA 스크립트 기술만으로 업무의 자동화 구현이 가능하다. 1단계라고 해서 지나가버린 개념은 아니다. 지금도 RPA를 처음 도입했을 때는 작은 자동화로 시작하는 것이 좋다.

제조회사인 A사는 고정적으로 필요한 자재를 매일 주문해야 한다. ERP 시스템에 필요한 자재를 대상 거래처에 발주하는 입력 작업은 매일 하는 규칙적인 업무다. RPA 로봇은 매일 정해진 시간에 주문을 자동 생성한 후 담당자에게 처리 결과를 메일로 발송한다.

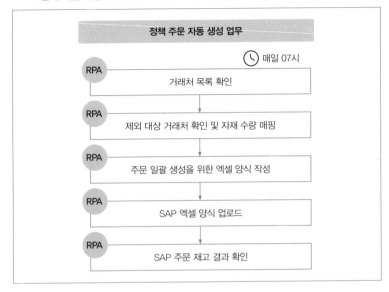

담당자는 RPA가 보낸 처리 결과 메일을 확인하고 주문 내역만 숙지
하면 된다.

이처럼 작은 자동화는 RPA 로봇이 스스로 수행할 수 있는 업무
를 자동화로 구현한 것이다. 현재 많은 회사에서 적용하고 있는 대
부분의 RPA는 작은 자동화에 해당한다.

2단계는 지능형 자동화라고 표현했다. 1단계에서 작은 업무 단
위의 수작업을 자동화한 것들을 모아서 프로세스의 관점에서 재정
리한다. 그 과정에서 자동화할 부분과 사람의 개입이나 의사 결정
이 필요한 부분을 정의하고, 프로세스 안에서 로봇과 사람이 각각
의 역할에 따라 업무를 처리한다. 이것을 'E2E 자동화(End-to-End
Process Automation)'라고 한다. 자동화를 업무 조각으로 분리해서

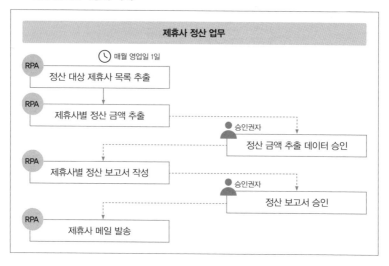

좁은 범위만 생각하지 말고 큰 영역의 업무 흐름 전체를 자동화하는 방향으로 나아가야 한다.

2018년 카드사에서 RPA 프로젝트를 수행한 사례를 들어보자. 매월 정산 데이터를 추출해서 제휴사별로 가공해 보고서를 만든 후 담당자에게 메일을 보내 정산 내용을 사전에 확인하는 업무를 자동화했다. 금융업의 특성상 데이터에 대한 보안 수준이 매우 높았고, 외부 담당자에게 메일을 보내기 위해서는 두 번의 승인이 필요했다. 그래서 이 업무를 4개의 프로세스로 구성했다.

4개의 프로세스가 개별로 수행되기 때문에 프로세스 4개와 승인 2단계까지 포함된 전체 내용을 별도의 문서로 작성해야 했다. 그리고 4개의 프로세스 처리 결과를 확인해야 1개의 업무가 정상적으로 완료되었는지를 알 수 있어 매우 복잡하게 느껴졌다.

E2E 자동화 개념으로 구성하면 업체 정산 관리 업무는 4개의 작은 프로세스와 두 번의 승인을 위한 담당자의 개입으로 구성된 자동화 프로세스다.

마지막 3단계는 자율적 지능으로 자동화가 일부분이나 보조적인 의미가 아니라 스스로 일하는 디지털 직원이 되는 것이다. RPA 로봇은 다양한 상황 변화에 맞춰 자율적으로 업무를 수행하고 필요한 단계에서는 의사 결정까지 내릴 수 있다. 앞에서 수사적인 의미로 RPA에게 머리를 달아주자고 표현했던 상황은 AI 기술이 좀 더 상용화되면 이루어질 수 있을 것이다.

지금은 지능형 자동화 또는 E2E 자동화를 추구하는 2단계의 초입에 있다. 여러 AI 기술을 필요에 따라 결합해 작은 자동화 수준일 때 하지 못했던 영역을 포함해 자동화 대상 업무를 넓히고 있다. 작은 업무 조각부터 자동화하고 그것을 연결해 전체 업무를 자동화 프로세스 안에 포함하는 것이다.

1단계, 2단계의 RPA는 사람을 보조하는 역할로 업무 강도를 낮추는 데 의미가 있다. 빠르게 진행되는 AI 기술을 바탕으로 3단계도 이른 시기에 도달할 것이라고 기대해본다.

2부

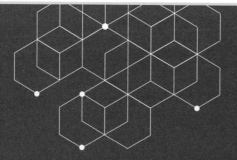

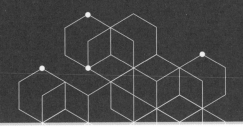

RPA,
어떻게 시작하고
어떻게 확장할까

RPA를
처음 도입하는 기업

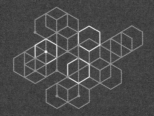

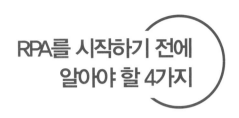

RPA를 시작하기 전에
알아야 할 4가지

RPA는 새로운 분야이기에 어떻게 시작하고 진행할지에 관한 방법론이 정립되지 않았다. 보편적인 절차나 산출물이 없어서 프로젝트별로 그때그때 RPA 전문 회사나 전문 개발자의 역량에 따라 진행하고 있다.

나는 RPA 전문가로서 이런 현실을 고려해 RPA를 성공적으로 진행하는 방법을 소개하고자 한다. RPA 도입 또는 진행 절차와 수행에 대해 토론하고 보완함으로써 RPA가 발전하는 데 도움이 되기 위해서다.

RPA를 도입하고자 하는 회사에 당부하고 싶은 4가지가 있다.

- 적극적으로 자동화하려는 자세
- 숙련된 설계와 개발
- 프로세스 모니터링과 분석·평가의 중요성

• 다른 IT 시스템의 적절한 지원

적극적인 자동화 추구

RPA를 도입할 때 가장 먼저 갖춰야 할 자세는 자동화 대상의 영역을 검토하고 로봇을 활용할 수 있는 방법에 대해 적극적으로 논의하는 것이다.

RPA 도입을 책임지는 담당자뿐 아니라 업무 담당자의 적극적인 자세가 중요하다. 이러한 분위기를 만들기 위해 RPA에 대한 교육을 진행하는 것도 좋다.

RPA 교육을 통해 직원들이 자동화에 긍정적이고 능동적인 태도를 가질 수 있다. RPA 프로젝트를 시작하기 전이나 완료한 이후에도 효과를 공유하고 지속적인 관심을 유지하기 위해서는 RPA 교육이 정기적으로 이루어져야 한다.

숙련된 설계와 개발

적극적으로 자동화를 위한 정책을 마련하고 업무를 선정했을 때 필요한 것은 숙련된 분석과 설계, 스크립트 개발이다. 이를 통해 대상 업무가 표준화되고 효율화될 수 있다.

RPA는 누구나 직접 만들어서 적용할 수 있다는 말과 상충하는 이야기가 아닌가 의문을 가지는 사람도 있을 것이다. 하지만 숙련된 설계가 쉽게 시작할 수 있다는 것과 상반되는 내용은 아니다.

숙련된 설계는 현재의 업무를 로봇이 수행하는 방식에 맞게 개선하고 표준화하는 단계이다. 업무를 수행하는 주체가 바뀌었으므로 사람이 하는 방식 그대로 자동화를 구현하는 것보다 새로 업무를 분석하고 더 효율적인 프로세스를 재구성하는 것이다.

업무를 개발할 때도 숙련된 설계가 중요하다. RPA 개발을 위한 모범 사례에 따라 스크립트를 개발해야 나중에 예상하지 못한 문제를 피할 수 있다.

A사의 RPA를 운영할 때의 일이다. 제품의 포장 용기를 디자인해 제작 업체에 보내고, 완성품이 디자인과 일치하는지 검수하는 업무를 자동화하는 것이었다. 포장 용기에 기록하는 문구 전체를 검수해야 하므로 단순히 내용을 확인하는 번거로움과 놓칠 수 있는 작은 실수의 가능성이 항상 있었다. RPA가 포장 용기의 문구를 검수하기 위해 담당자들은 매우 복잡한 엑셀 템플릿(양식이 있는 엑셀 파일로 정해진 위치에 알맞은 정보를 입력한다)을 새로 작성해야 했다. 자동화 이전에는 없었던 업무가 생긴 것이다. 담당자는 복잡한 엑셀 템플릿을 작성하느니 예전처럼 포장 용기를 눈으로 직접 확인했다. 이러한 현상을 'RPA 프로세스 무시'라고 표현한다. 결국 이 업무는 RPA 설계부터 다시 개발했다.

RPA 개발이 미숙했던 다른 사례도 있다. B사는 네이버와 구글에서 자사의 제품을 키워드로 검색한 후 결과를 스크랩핑해 엑셀 파일에 기록하는 업무를 자동화했다. 이 RPA 프로세스는 업무 내용이 단순해 간단하게 설계되었는데, 실제 로봇이 수행할 때 성공률이 매우 낮았다. 원인을 파악해보니 RPA 스크립트가 너무 복잡하게 개발되어 있었던 것이다. 오류가 발생했을 때의 예외 처리가 제대로 되지 않아 수백 개의 키워드를 검색하는 동안 한 번이라도 오류가 발생하면 로봇이 실행을 멈췄다. 이 프로세스를 수정하는 것보다는 처음부터 다시 개발하는 것이 더 효율적이라고 판단했다.

이처럼 제대로 설계하지 않으면 결국 처음부터 다시 해야 한다. 숙련된 설계와 개발은 설계자와 개발자의 개인적인 수준의 문제가 아니다. 각 단계에서 필요한 기준과 표준 방식을 사전에 공유해 개인의 역량에 따른 차이를 줄여야 한다.

RPA는 누구나 쉽게 시작할 수 있지만, 그렇다고 아무렇게나 할 수 있는 것도 아니다.

지속적인 프로세스 모니터링

RPA는 아직 자율수행(앞서 '머리가 없다'고 표현했다)이 되지 않는다. RPA 로봇은 예외 상황에 대한 대처가 미흡하므로 자동화된 업무 프로세스의 수행 결과에 대한 적절한 모니터링과 오류에 대한 조치가 필요하다.

업무는 시간이 지나거나 담당자가 바뀌면서 변경될 수 있으므로 자동화된 프로세스의 내용도 계속 점검해야 한다. 업무 부서의 RPA 프로세스에 대한 평가를 확인해 불필요한 부분을 개선하는 것이다. 변경된 업무 내용이 반영되지 않으면 로봇이 수행한 결과를 사람이 다시 작업해야 하는 경우가 생기고 그러면 자동화의 의미가 없다.

하나의 업무를 자동화했다고 해서 RPA 프로세스를 변함없이 계속 사용할 수 있는 것은 아니다. 자동화 프로세스에 대해 항상 모니터링하면서 변화를 관리해야 한다.

IT 시스템의 적절한 지원

회사 제품의 원료를 회원으로 가입한 협회 사이트에 등록하는 업무를 자동화한 적이 있다. 이 회사의 IT 시스템에서 협회 사이트에 등록하지 않은 제품을 찾아 그 원료를 협회 사이트에 등록하는 업무였다. 협회 사이트에 한 건씩 입력하는 상당히 번거로운 작업이었다. 이 업무에서 사용하는 IT 시스템 화면에는 데이터를 엑셀 파일로 다운로드하는 기능이 없었다. 사람이 처리할 때는 한 건씩 제품 정보를 확인한 후 협회 사이트에 등록하기 때문에 전체 목록을 다운로드할 필요가 없기 때문이다.

RPA 로봇은 사람처럼 IT 시스템에서 한 건씩 데이터를 읽어서 협회 사이트에 등록할 수도 있다. 하지만 전체 데이터를 엑셀 파일로 다운로드하면 처리 속도가 훨씬 빨라진다(대부분의 RPA는 엑셀 파일로 처리할 경우 속도가 현저히 빨라진다). 담당자와 이것을 공유하고 IT 시스템에 다운로드 기능을 추가해 업무 처리 속도를 대폭 단축할 수 있었다.

RPA는 사람처럼 IT 시스템을 대상으로 사용할 수 있다. 그리고 업무 담당자가 하던 방식대로 RPA를 구축할 수 있지만 사람이 하는 방식이 가장 효율적인 것은 아니다.

RPA는 프로그램이기 때문에 사람과 다르게 처리하는 것이 더 효율적이다. IT 시스템에 아주 작은 변화(엑셀 다운로드 기능 추가)만 줘도 효과를 높일 수 있다. 이런 경우에는 IT 시스템의 지원을 받아서 변경된 프로세스로 진행하는 것이 좋다.

RPA 전담팀을
구성하라

RPA 전담팀이 필요한 이유

RPA 전담팀을 보통 COE(Center of Excellence)라고 하지만 기업마다 다른 이름을 사용한다. 삼성전자는 'RPA 자동화 운영사무국', KB국민은행은 RPA 에이스(ACE)라고 한다.

RPA는 회사의 업무를 선택–개발–운영하는 과정이 순차적이고 반복적으로 진행되므로, 노하우를 회사의 지식 자산으로 만들고 RPA 프로세스를 유지하고 발전시키는 역할이 중요하다. RPA 전담 조직인 COE는 RPA의 전략부터 수행까지 회사 내에서 RPA를 원활하게 진행하기 위한 모든 활동을 한다.

2019년 그룹의 모든 계열사에 RPA를 적용한 기업이 있다. RPA 도입 때는 각 계열사에서 RPA 전담 인원을 2명씩, 총괄하는 인원은 IT 조직에서 4명을 지정해 자체 인력 30여 명과 외부 RPA 전문가 인력으로 구성된 상당히 큰 규모였다. 회사에서 새롭게 선정된 RPA

전담 인원에 대한 전문가 교육도 정기적으로 진행하고, 직접 개발도 하면서 RPA가 무엇이고 어떻게 업무에 활용하는지 경험했다.

이 회사는 RPA를 성공적으로 시작하고 높은 성과를 거두면서 RPA의 안정과 확산이 필요한 시점에 오히려 전사 COE를 해체하고 RPA 전문가로 성장한 COE 구성원은 계열사별로 RPA 프로세스를 진행하도록 했다.

계열사별로 COE를 구성하기 위해서는 추가적인 지원이 필요했다. 계열사 상황에 따라 더 지원하는 곳도 있었으나 그렇지 못한 곳도 있었다. 오히려 RPA만 전담하다가 본래 업무로 복귀해 기존 업무와 RPA 업무를 같이 해야 하는 곳도 있다 보니 RPA 관리가 점점 소홀해지는 것은 당연했다.

새로운 업무를 추가로 자동화하는 것은 엄두도 내지 못하고 기존에 자동화한 업무를 유지 보수하고 업무가 변함에 따라 개선해야 하는데 RPA 프로세스를 관리할 역량이 되지 않아 업무 담당자의 불만이 높아졌다.

이 기업은 흩어졌던 COE를 다시 구성하면서 계열사의 RPA 담당(전담 인원은 아닐지라도)과 COE의 역할을 재정의해 RPA의 성과를 높이는 과정을 다시 시작했다.

모든 업무가 그렇듯이 RPA도 전문 조직이 필요하다. 특히 RPA는 새로운 분야이기 때문에 조직에서 RPA가 성과를 내고 효율성을 거두기 위해서는 전문 조직의 역할이 더욱 크다.

COE에서 하는 일

RPA 전문 조직인 COE에서 하는 일은 다음의 5가지 영역으로 나눌 수 있다.

RPA 전략 수립

RPA의 목표를 설정하고 RPA 핵심성과지표(Key Performance Indicator, KPI)를 규정한다. 이때 고려할 점은 RPA는 길게 가는 여정이므로 한번 정한 목표가 불변하는 것이 아니라 변화할 수 있다는 것을 염두에 두고 장기 로드맵을 계획하는 것이다. 먼저 RPA 도입 또는 확산을 위한 전략을 세운다. 그리고 예산을 계획하고 자원을 배분하며, RPA를 구축할 때 어떤 프로그램을 이용할지 결정한다. RPA를 확산하는 경우라면 RPA와 연관된 최신 기술을 검토하고 업무에 적용할 수 있는지도 생각해야 한다.

RPA 체계 수립

조직문화의 변화를 관리하는 것이 가장 중요하다. 자동화를 업무에 적용하는 것은 담당자들이 업무를 처리하는 방식을 바꾸는 도구를 이용한다는 의미다. 담당자가 업무(또는 업무의 부분)에 자동화 적용을 결정하고, 분석-설계-개발을 통해 RPA 표준 프로세스를 수립해 조직 내에서 공유하는 과정이 필요하다. COE는 업무 부서와 지속적으로 의사소통을 해서 자동화에 대한 피드백을 확인하는 것도 중요하다.

RPA 대상 선정 및 확산

RPA를 적용할 업무를 찾아내기 위해서는 업무 담당자로부터 자동화에 대한 아이디어를 수집해야 한다. 수집된 아이디어를 가지고 RPA 적용성을 평가해 우선순위를 결정하고 개발 로드맵을 수립한다. 자동화 대상으로 선정된 업무를 처리하는 과정을 개선해 RPA를 확대한다.

RPA 개발 및 운영

대상 업무를 설계하고 개발한 후 업무에 적용하는 과정에서 필요한 표준을 정해야 한다. RPA를 업무에 적용한 후 모니터링과 유지 보수를 진행하고, 운영 중에 발생하는 변화를 관리한다. RPA 기술에 대한 지원과 RPA 아키텍처를 구성하고 로봇 운영을 최적화하는 활동을 한다.

RPA 내재화

RPA 전략 수립과 연관된 COE의 핵심 업무다. RPA 교육 체계를 수립하고 진행한다. RPA 지식 공유 방안을 마련하고 직원의 RPA 역량을 강화한다.

COE라고 다 할 필요는 없다

이번 장에서는 COE에서 하는 일을 자세히 다룰 것이다. 먼저 이야기하고 싶은 것은 처음부터 COE가 모든 역할을 수행해야 하는 것은 아니라는 점이다. 회사의 RPA 단계와 상황에 맞게 시작하면 된다.

RPA 도입을 고민하는 회사라면 맨 먼저 RPA 전략을 세울 것이다. 처음 RPA를 도입했을 때는 RPA 목표를 설정하고 RPA가 무엇인지 확인하기 위해 POC(Proof of Concept, 개념 증명, 신기술이 적용된 제품이 어떻게 작동하는지를 확인하는 사전 검증 과정)를 해볼 수 있다. 그리고 RPA 컨설팅 회사의 도움을 받아 작은 규모의 파일럿 프로젝트를 해본다.

RPA를 운영하고 있다면 RPA 전략을 다시 한 번 점검해보고 개발 및 운영 프로세스가 표준화되었는지 살펴볼 필요가 있다. 이때는 IT 부서 또는 RPA 전문 개발사와 협업해 진행하는 것이 효과적이다.

RPA 영역이 넓어지면서 COE의 업무가 과중되거나 모든 것을 직접 주관하는 것이 효율적이지 않게 되면 내부의 업무 부서나 IT 부서(또는 RPA 컨설팅 회사와 RPA 전문 협력사)로 이관할 수 있는 부분을 찾아본다. 반대로 RPA를 시작하는 단계이든 확산 중이든 항상 COE의 핵심 업무도 있다. 여기서 소개하는 COE의 역할을 참고해 회사의 상황에 맞게 다시 정의하고 조직과 필요한 인원을 구성해야 한다.

다음 표는 COE의 역할을 세분화한 것이다. RPA 개발에 대해 크게 전략, 체계 수립, 대상 선정 및 확산, 개발 및 운영, 내재화, 5가지 영역으로 구분했다. COE에서 반드시 수행해야 하는 핵심 업무와 상황에 따라 협업하거나 이관할 수 있는 업무를 따로 표시했다.

다음 장부터 각 업무에서 누가 무엇을 어떻게 하는지에 대해 구체적으로 설명할 것이다.

	핵심 업무	업무 부서 또는 컨설팅 회사와 협업 가능	IT 부서 또는 RPA 전문 개발사와 협업 가능
RPA 전략	RPA 목표 설정	RPA 장기 로드맵 수립	
	RPA KPI 수립		
	RPA 도입 및 확산 전략 수립		
	예산 수립 및 자원 배분		
	RPA 솔루션 선정		
	신기술 검토 및 적용		
RPA 체계 수립	조직문화 변화 관리		개발 절차 수립
	업무 부서 간 의사소통		운영 체계 수립
	RPA 교육 체계 구축		보안정책 준수 관리
	RPA 지식 공유 전략 수립		
RPA 대상 선정 및 확산		자동화 아이디어 수집	
		대상 업무의 RPA 적용성 평가	
		대상 업무 RPA 적용 우선순위 및 로드맵 수립	
		대상 업무의 비즈니스 프로세스 개선	
RPA 개발 및 운영			프로세스 리디자인 및 설계
			RPA 스크립트 개발
			프로세스 모니터링 및 유지 보수
			프로세스 변화 관리
			RPA 기술 지원
			RPA 아키텍처 구성 및 관리
			로봇 운영 최적화
RPA 내재화	RPA 지식 공유 방안	RPA 교육 진행	
	직원의 RPA 역량 강화 방안	RPA 행사 진행	
		RPA 소식지 발행	

RPA 도입의 목표를 설정하라

RPA 목표를 구체적으로 설정하자

RPA를 도입할 때 가장 먼저 할 일은 RPA를 구현하고자 하는 목표를 세우는 것이다. 왜 RPA를 회사에 도입하려고 하는지, RPA를 통해 어떤 이익을 얻으려고 하는지 명확하게 알아야 한다.

RPA 목표는 회사의 방향을 결정하고 평가하는 기준이 된다. RPA 여정에 참여하는 모든 구성원이 동의할 수 있도록 간결하고 명확하게 규정해야 한다.

RPA를 먼저 도입한 기업이 말하는 RPA의 이익을 소개하면 다음과 같다.

- 반복적인 관리 작업 및 가치가 낮은 작업의 제거로 FTE(Full-Time Equivalent, 임의의 업무에 투입된 노동력을 풀타임 노동자의 수로 측정하는 법)가 감소해 비용 절감

- 회사 내 규정 준수 향상
- 업무 주기(처리-대기-운송) 단축으로 생산성 향상
- 서비스 제공 시간이 줄어들고 오류율이 낮아져 고객 경험 향상

최근에는 RPA의 성과에 사업 기회 창출이 추가되고 있다. RPA를 통해 새로운 기회를 만들거나, 회사의 시장점유율을 올릴 수 있다는 기대감이 생겼기 때문이다. RPA를 통해 기대하는 이익을 고려해서 회사에 맞는 RPA 목표를 설정하는 것부터 시작한다.

명확한 KPI가 필요하다

RPA 도입의 목표를 세웠으면 그 목표를 평가할 수 있는 KPI를 정해야 한다. KPI가 명확해야 RPA의 목표가 잘 달성되고 있는지 평가할 수 있고, 그 결과 잘못된 부분은 개선하고 잘된 부분은 더욱 집중할 수 있다.

A사는 RPA를 처음 시작할 때는 '비용 절감'을 목표로 했다. 그 이유는 구체적인 고민 없이 성과를 나타내는 가장 쉬운 목표였기 때문이다. 그에 따른 KPI는 ROI(투자수익률)로 정했다.

RPA를 구축하고 나서 ROI를 평가해본 결과 기대한 것만큼 높지 않았다. 그 이유는 RPA를 처음 시작하면서 자동화 대상 업무를 10개 선정했고 로봇 가동률이 10% 정도였기 때문이다. RPA 목표에 '생산성 향상'을 더할 것을 권하고 KPI로 '업무 시간 절감률'을 제시했다. 이 KPI는 88%로 평가되었다. 물론 이 회사는 RPA 적용 업무가 점점

많아지고, 효과가 좋은 업무를 자동화한다면 ROI도 좋아질 것이고 '비용 절감' 목표도 점차 달성할 것이다.

RPA의 목표와 KPI를 수립할 때는 회사의 상황에 맞아야 한다. 회사의 RPA 목표에 맞는 KPI로 정하자. 처음부터 모든 KPI를 완벽하게 정할 수는 없다. 현실적으로는 RPA를 진행하면서 수정하고 보완해야 한다.

KPI 사례

앞에서 소개한 예시 외에도 다른 여러 지표를 규정할 수 있다. 여기에 소개하는 예시를 참고해 각자 회사에 적합한 것을 생각해보자.

생산성을 기준으로 한 KPI

- 일정 기간 내 처리된 제품/서비스 수
- 오류율(또는 재작업 비율)
- (내부/외부) 고객에게 제품 또는 서비스가 전달되는 시간
- 프로세스 처리 시간
- 업무 주기(처리-대기-운송) 시간
- 일정 기간 내 불만 사항 수
- 계절 고용(특정 기간에 업무량이 증가할 때 필요한 일시적인 채용) 수

자동화를 기준으로 한 KPI

- 업무 자동화율(업무 파이프라인에서 자동화된 프로세스 비율)

- 전반적인 비즈니스 만족도
- 자동화된 프로세스 수
- 자동화 업무에 참여한 팀/직원 수
- 자동화 속도(대상 업무를 RPA 로봇이 실행할 때 걸리는 시간)

재정을 기준으로 한 KPI

- ROI(투자수익률)
- 전체 비용
- 프로세스 자동화와 관련된 비용 절감액(업무 시간 비용 절감 + 추가 근무 시간 비용 절감 + 벌금이나 위약금과 같은 규정 위반 비용 절감 + 기타 비용 절감)
- 로봇별 평균 수익
- 트랜잭션 또는 서비스당 비용 절감

RPA 아키텍처를 구성하라

RPA 프로그램 선택하기

유아이패스(UiPath), 에이웍스(A.WORKS), 파워 오토메이트(Power Automate) 등 RPA 프로그램은 각각의 특징이 있지만, 기본적인 구성은 3가지로 나눌 수 있다. 업무를 실행하는 로봇과 그 실행을 관리하는 서버, 그리고 RPA 스크립트를 개발하는 스튜디오이다.

RPA 프로그램은 비슷한 구조이므로 각각의 역할을 이해한 후에 로봇만 사용할지, 로봇과 서버를 포함하는 전체 구성을 모두 사용할

┈┈┈▶ RPA 프로그램 구조도

지를 고려한다. 전문가가 개발할지, 업무 사용자가 개발할지도 중요한 사항이다. 그 외 특징적인 추가 기능이 있는지 확인한 후에 필요한 RPA 프로그램을 선택한다.

RPA 스튜디오

RPA 스튜디오는 업무를 자동화하는 RPA 스크립트를 개발하는 도구이다. 대상 업무를 RPA 스크립트로 개발하고 나면 최종 결과물로 RPA 프로세스가 만들어진다. 'RPA를 실행한다'는 표현은 RPA 프로세스가 실행되는 것을 의미하는데, RPA 서버와 로봇에게 각각 배포할 수 있다.

전문 개발자를 위한 것과 일반 사용자가 간단하게 본인의 업무를 개발할 수 있는 것도 있다. RPA 프로그램 홈페이지에는 개발을 위한 교육과정이 무료로 제공된다(부록에서 대표적인 RPA 프로그램 3가지를 사용해 간단한 업무 시나리오를 개발하는 과정을 소개했다).

RPA 로봇

RPA 로봇은 스튜디오에서 만든 RPA 프로세스를 수행하는 주체이다. RPA 프로그램마다 차이가 있지만 보통 2가지 유형으로 구분한다.

- 스케줄에 의해 스스로 작동하는 로봇: RPA 로봇 전용 컴퓨터에서 미리 설정한 주기(매일 오전 6시, 매주 수요일 오후 7시 등)에 따라 실행한다. 이 컴퓨터는 사람이 사용하지 않고 오로지 로

봇의 작동만을 위한 것이다. 이러한 로봇은 오전 6시와 같이 특정 시간에 자동으로 실행된다. RPA 서버의 큐(Queue, 대기열)에 데이터가 있을 때 실행하도록 조건을 등록할 수도 있고, 외부 시스템에서 RPA 로봇을 실행할 수도 있다.

- 사람이 작동시켜야 하는 로봇: 사람이 사용하는 컴퓨터에서 실행하는 로봇이다. 사람은 자신의 컴퓨터에서 원하는 때에 로봇에게 실행을 시킨다. 업무를 처리하는 시간이 불규칙할 때는 사람이 판단해 직접 실행하는 것이 더 편리할 때가 있다.

최근에 등장한 클라우드 RPA는 담당자의 컴퓨터에 설치하지 않고 클라우드에 접속해 필요할 때 직접 실행한다.

RPA 서버

RPA 서버는 로봇을 관리하고 로봇의 프로세스 수행을 지원하는 역할을 한다. RPA 프로그램 중에는 서버 없이 로봇만으로 단독 수행이 가능한 것도 있지만 로봇의 효율적인 활용을 위해서는 서버의 역할이 중요하다. RPA 서버의 기본적인 역할은 로봇 관리, 로봇 수행 지원, RPA 프로세스 관리, 3가지로 나눌 수 있다.

- 로봇 관리: 모든 로봇을 서버에 등록해 로봇이 실행 가능한 상태인지, 서버와의 연결이 끊어져 있는지와 같은 상태를 확인한다. 로봇이 정상적이지 못한 상태이면 RPA 담당자에게 알람을 보낼 수 있다. 로봇이 수행한 RPA 프로세스의 결과(정상 종료,

오류, 중단, 대기 등)를 수집하고 수행 로그를 자세히 제공한다. 하나의 RPA 프로세스를 여러 로봇이 분산 처리할 수 있도록 해준다. 그 외에도 라이선스 관리, 사용자 관리, 프로세스 관리 등 필요한 모든 오브젝트를 관리한다.

- 로봇 수행 지원: 로봇의 실행 스케줄을 관리한다. RPA 프로세스별로 각기 필요한 주기의 반복 스케줄을 등록하면 서버는 정확한 시간에 로봇에게 그 프로세스를 실행하도록 한다. 로그인 계정의 비밀번호와 같이 암호화해야 하는 것도 서버에서 처리해 로봇이 이용할 수 있다. 로봇이나 프로세스에서 공용으로 사용할 수 있는 데이터를 관리하기 위한 큐, 데이터 저장소, 파일 저장소를 제공한다. 그 외에도 로봇이 프로세스를 수행하는 데 필요한 여러 기능을 지원한다.
- RPA 프로세스 관리: RPA 개발 도구에서 만들어진 RPA 프로세스를 서버에 등록하면 로봇이 실행할 수 있는 상태가 된다. 새로운 프로세스를 등록하고 변경 이력을 위한 버전별 소스를 보관한다.

아키텍처 구성하기

RPA 프로그램을 선택했으면 어떤 유형의 로봇을 몇 대 사용할 것인지 결정한다. 이 과정을 '아키텍처를 구성한다'고 표현한다. 아키텍처를 구성할 때는 필요에 따라 여러 가지 유형의 로봇을 같이 사용하는 것이 좋다. RPA 프로그램은 대부분 확장성이 좋으므로 처음부터 크게 시작하지 말고 필요할 때마다 조금씩 추가하면 된다.

RPA를 처음 시작하는 A 회사를 생각해보자. 이 회사는 처음에는 직원들이 RPA 로봇에 대한 이해도가 높지 않으니 스케줄 기반으로 자동 실행되는 로봇 4대와 이 로봇을 관리하기 위한 서버로 구성했다. RPA 운영자는 RPA 서버에 로봇1, 로봇2, 로봇3, 로봇4를 등록해 실시간으로 로봇의 현재 상태를 확인하고 정상이 아닌 로봇에 대해서는 필요한 조치를 할 수 있다. 또한 로봇이 실행 중인 RPA 프로세스가 정상적으로 작동 중인지, 오류가 발생했는지 상세한 로그를 확인할 수 있다. 이 로그를 분석해 오류가 발생한 RPA 프로세스를 수정한다.

RPA 프로세스를 개발하기 위한 스튜디오도 RPA 서버에 등록해야 한다. 이렇게 등록된 스튜디오에서 RPA 서버로 RPA 프로세스를 배포하고, 그 프로세스는 RPA 로봇에게 할당되어 수행한다. RPA 아키텍처를 구성한다는 것은 로봇과 서버, 스튜디오를 어떤 형태로 구성하고 연결할지를 정하는 것이다.

다음 3가지는 RPA의 아키텍처를 구성할 때 고려해야 하는 기본 사항이다. 이외에도 로봇을 관리하는 정책이나 보안 정책 등을 고려해 RPA의 아키텍처를 구성한다.

회사의 네트워크 점검

먼저 회사의 네트워크 환경을 점검한다. 보안 정책으로 회사의 네트워크를 내부망과 외부망으로 분리한 경우가 종종 있다. 내부망은 외부 인터넷과 연결되지 않고 회사 내부에서만 사용 가능한 네트워크이고, 외부망은 인터넷과 연결된 네트워크이다.

회사에서 평소 업무를 처리할 때(회사 시스템에 접속하기, 회사의 그
룹웨어 메일을 읽고 보내기, 다른 사람과 메신저로 소통하기 등)는 내부망에
서 일하다가, 필요할 때 외부 인터넷과 연결된 외부망에서 업무를
처리한다.

보안 정책이 더 엄격한 회사는 데이터를 추출하는 네트워크를 별
도로 구성한다. 이렇게 네트워크가 분리되어 있다면 RPA 로봇을 어
떻게 배치할 것이며, RPA 서버와 어떻게 연결할 것인지를 구상해야
한다.

RPA 인프라

RPA를 어느 인프라에서 구성할지를 결정해야 한다. 아마존이나
구글, MS 애저(Azure), 네이버 클로바와 같은 클라우드 플랫폼을 이
용할지 회사 서버나 컴퓨터를 이용할지 결정한다. 서버는 클라우드
플랫폼을 이용하고 로봇은 회사의 컴퓨터를 이용하는 것처럼 혼용
해서 구성할 수도 있다. 클라우드 플랫폼을 이용할 경우 외부 인터
넷 연결이 되어 있지 않으면 전용선을 구축해야 하므로 회사의 네트
워크 환경도 함께 생각해야 한다.

RPA 서버는 데이터베이스 서버와 웹 서버를 분리할 것인지, 서
버 장애로 인한 서버의 중단에 대비해 고가용성으로 이중화할 것인
지 등을 결정해야 한다. 덧붙여서 운영할 때 필요한 RPA 모니터링
을 위한 대시보드를 준비할 것인지도 생각해볼 수 있다.

RPA 로봇의 위치

RPA 로봇을 10대 구성한다고 가정해보자. 이 로봇을 데스크톱 컴퓨터나 노트북과 같은 물리적인 공간에 둘지, VDI(Virtual Desktop Infrastructure, 가상 데스크톱 컴퓨터)에 설치할 것인지 결정한다.

물리적인 공간에 둔다면 RPA 로봇은 24시간 작동하기 때문에 보안에 주의해야 한다. 잠금장치가 있는 별도의 공간을 마련해 로봇을 두어야 한다. 이 공간은 RPA 운영자가 로봇을 모니터링하고 관리해야 하므로 접근성을 고려해야 한다. 컴퓨터 원격제어 프로그램을 이용하기도 한다.

물리적인 관리의 불편함 등을 이유로 VDI에 RPA 로봇을 두는 회사가 많아지고 있다. VDI에 로봇을 설치하는 경우 24시간 작동하기 때문에 안정적으로 유지할 수 있어야 한다. VDI 서버의 성능이 RPA 로봇의 프로세스 수행에 영향을 끼치는 것이다.

RPA 프로그램을 선택하고 아키텍처를 구성했으면 이제 RPA 대상 업무를 선정해서 자동화하는 단계를 진행한다. 하지만 아키텍처 구성과 대상 업무 선정은 순서를 바꿔도 된다. 이 순서는 꼭 정해진 것이 아니므로 상황에 맞게 변형할 수 있다.

RPA를 적용할
영역을 선택하라

RPA 적용 업무를 선정하는 일반적인 과정

자동화는 사람이 처리하던 일을 RPA 로봇이 수행하도록 전환하는 기술이다. 그러므로 사람이 처리하던 업무 중에서 자동화하기 적합한 부분을 찾는 것이 자동화의 시작이다. RPA를 적용할 업무를 찾는 것은 RPA 여정의 어느 단계에 있는가에 따라 조금 달라질 수 있다.

기업이 RPA를 처음 도입할 때는 RPA 전문 조직인 COE에서 RPA를 적용할 업무를 선별한다. 기업의 3~7% 정도의 업무가 COE에서 선정한 자동화 대상이다. 이러한 업무는 RPA 목표를 달성하는 효과가 매우 크고, RPA 개발이 쉽다는 특징이 있다. 이후 확산하는 시기에는 직원이 주도적으로 참여하는 형태가 되는데, 개인의 필요에 따라 자동화할 업무를 선택하고 직접 개발해 사용할 수 있다.

RPA 여정을 지나면서 자동화 업무의 범위가 넓어지면 RPA를 적

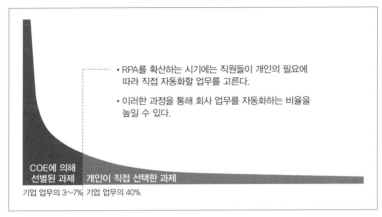

- RPA를 확산하는 시기에는 직원들이 개인의 필요에 따라 직접 자동화할 업무를 고른다.
- 이러한 과정을 통해 회사 업무를 자동화하는 비율을 높일 수 있다.

COE에 의해 선별된 과제
기업 업무의 3~7%

개인이 직접 선택한 과제
기업 업무의 40%

출처: 2019 UiPath 'automation first'

용할 새로운 업무는 점점 줄어들어 꼬리 모양의 그래프가 되므로 RPA 대상 업무는 롱테일(Long Tail) 방식으로 진행한다고 표현한다.

RPA 도입 초기 자동화 대상 업무 선정 단계

이제 RPA를 시작할 때 가장 먼저 해야 하는 자동화 대상 업무를 선정하는 방법을 알아보자. 지금 소개하는 방법은 COE의 주도하에 RPA 대상 업무를 찾아내고 평가해 선정하는 것이다. 이후 회사 내

┈┈▶ RPA 도입 시 대상 업무 선정 절차(COE 주도 방식)

RPA 대상 업무 후보 수집 → 후보 업무의 RPA 적합성 및 우선순위 평가 → 최종 선택 및 구현 난이도 평가

에 RPA가 확산되고 성숙하면 직원 개인이 필요에 따라 자동화할 업무를 선택할 수 있다.

RPA 대상 업무의 후보를 찾는다

RPA를 적용하려는 모든 업무를 수집하는 과정이다. 사람이 하는 일 중에서 자동화할 업무를 선택해야 하므로 사람이 아이디어를 내야 한다.

처음에는 특정 부서나 특정 업무 영역으로 범위를 좁혀서 시작하는 것도 좋은 방법이다. 작게 파일럿 프로젝트로 시작한 후 점차 확산하는 것이 혼란을 예방하는 방법이다.

RPA를 시작할 부서나 영역 단위로 자동화할 업무에 대한 아이디를 수집하기 위해서는 RPA가 무엇이며 로봇은 어떤 일을 할 수 있는지, 그리고 그 효과는 어떤지에 대해 설명하는 시간이 필요하다. 직원이 RPA의 개념을 알고 있다면 기본 교육은 생략해도 된다.

직원은 본인의 일 중에 'RPA로 자동화할 수 있는 업무 목록'을 작성한다. 'RPA 대상 업무 후보 조사표'는 규칙성, 반복성의 정도를 확인할 수 있는 몇 가지 항목으로 양식을 만든다. 표의 항목 외에도 업무 수집에 필요한 내용을 추가하면 된다.

직원이 작성한 'RPA 대상 업무 후보 조사표'를 취합하면 자동화 후보가 준비된다. 대상 후보가 많지 않아도 조급해할 필요 없다. RPA를 우선 적용하기로 한 부서의 규모가 작거나 RPA에 대한 내용이 충분히 전달되지 않았을 수도 있다. 필요한 경우 상황에 맞게 추가 교육을 진행한다.

번호	업무명	업무 개요	담당 부서	담당자	사용 시스템	업무 수행 주기	업무 처리 시간		처리 건수	담당 자 수
							1회	연간		

대상 업무의 RPA 적합성과 우선순위를 평가한다

다음 단계로 수집한 'RPA 대상 업무 후보 조사표'의 업무에 대해 RPA 적합성을 평가한다. RPA 적합성을 평가하는 기준은 업무 수행 주기, 건수, 소요 시간에 기반한 'RPA 효과성'과 필요한 입력 데이터 형식, 업무 시나리오 경우의 수 등에 기반한 '구현 난이도'다. 그 외 더 많은 항목과 계산식을 기반으로 평가 양식을 이용해 점수화할 수 있다.

여기에 회사의 규정을 준수하고 있는지 확인해야 한다. RPA 효과성이 높아도 회사의 규정에 위배된다면 자동화 대상이 될 수 없다.

- RPA 효과성을 검증할 수 있는 항목: 업무 수행 주기 및 처리량, 건별 소요 시간, 담당자 수
- RPA 구현 난이도를 파악할 수 있는 항목: 업무 규칙 기반 수준, 업무 시나리오 수준, 입력 데이터의 디지털화 여부, 사용 시스템 수

수집된 대상 업무는 효과성과 구현 난이도를 검증할 수 있는 항목을 점수로 계산해 x축과 y축의 좌표에 위치시킨다. 각 항목을 점수화하는 계산식은 기준을 정하면 된다.

예를 들어 효과성 점수의 기준을 업무 수행 시간(자동화 측면에서는 절감 시간으로 표현한다)으로 정할 경우 업무 수행 주기, 처리량, 소요 시간, 담당자 수를 곱하면 연간 시간이 산출된다. 구현 난이도 점수를 계산하기 위해서는 각 항목을 수치로 전환해야 한다. 규칙 기반

········▶ **구현 난이도와 효과성 평가 그래프**

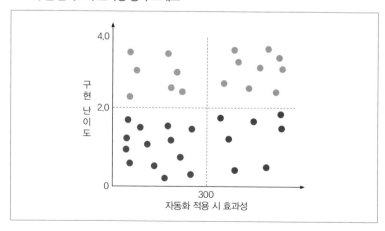

수준을 1~4단계로 두고 규칙이 잘 정의된 경우 높은 점수를 준다. 시나리오 수준은 1~4단계로 복잡할수록 낮은 점수를 준다. 디지털화 여부도 수치로 전환하는 기준을 두어서 곱하거나 더하면 된다.

x축은 자동화 적용 시의 효과성 점수이고, y축은 자동화 구현 시의 난이도 점수이다. 각 대상 업무의 좌표를 표시한 후 분류 기준을 정한다.

x축의 효과성을 절감 시간으로 할 때 통상적으로 연간 300시간을 기준으로 한다(수학 시간에 배웠던 좌표 평면은 0을 기준으로 나눈다면 여기서는 x축 기준을 300시간으로 한다). 수집된 업무에 따라 변경할 수 있다. 절감 시간이 높지 않은 경우 분류 기준 시간을 연간 100시간으로 낮추기도 한다. y축의 구현 난이도는 4점 만점에 2점 또는 3점을 기준으로 한다. 여기서는 평가식에 대한 개념만 소개하고 평가 기준은 생략한다.

결과에 따라 대상 업무 목록이 사분면에 위치하는데, 다음 순서대로 자동화 적용 우선순위를 정한다.

최우선 대상 업무 → 필수 개선 대상 업무 → 선택 대상 업무 → 장기 개선 대상 업무

최우선 대상 업무(Quick Win)는 자동화했을 때 효과가 높고 RPA로 개발하기 쉬운 업무다. RPA 구현에 따른 이익보다는 개발이 쉬운 업무에 조금 더 중점을 둔다. 처음 시작할 때 최우선 대상 업무를 많이 찾아내면 성공적인 RPA가 될 것이다.

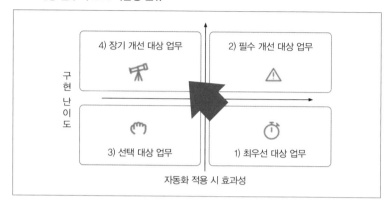

필수 개선 대상 업무(Must Do Improvement)는 RPA를 구현했을 때 이익은 높지만 그만큼 개발이 어려운 업무다. 이런 경우는 업무 프로세스를 개선하고 표준화하는 과정이 필수이다. 또한 다양한 기술의 결합이 필요할 수 있다.

선택 대상 업무(Low Hanging Fruit)는 자동화 효과는 낮지만 RPA로 개발하기도 쉬운 업무다. 직원이 직접 RPA를 개발할 수 있는 업무이므로 RPA를 확산할 때 롱테일 부분에서 자동화하면 좋다.

장기 개선 대상 업무(Long Term Improvement)는 RPA 효과는 낮은데 구현 난이도는 높은 업무다. RPA 여정의 마지막 단계에 적용해볼 수 있는 업무다. 이러한 업무도 최종적으로는 프로세스를 개선하고 표준화하는 노력이 필요하다.

이외에도 각 평가지표를 점수화해서 순위를 정하는 방법이 있다. 그리고 평가 과정에서 자동화에 적합하지 않은 업무도 확인할 수 있다. 자동화에 적합하지 않은 업무를 제외하고 수집된 모든 업무를 평가해서 우선순위를 정한다.

이 중에서 우선순위가 높은 순서대로 대상 업무를 선정한다. 정해진 기간 내에 RPA 개발을 완료해야 한다면 선정하지 못한 후보 업무가 남아 있을 것이다. 이런 업무는 구축 기간이 끝난 후 RPA를 안정화하고 확산하는 시기에 선택해서 자동화한다.

업무의 자동화는 RPA의 여정 동안 롱테일이 나타날 때까지 계속 진행되어야 한다.

RPA의 개발 난이도를 평가한다

선택된 대상 업무의 RPA 구현 난이도를 좀 더 세부적으로 확인한다. 이것은 RPA 구현 시 개발자의 숙련도나 개발 기간을 산정하는 기준이 된다. 하지만 개발 난이도는 개발자의 숙련도에 영향을 받기 때문에 단순한 참고용으로 활용해야 하므로 최근에는 난이도 평가를 제외하는 추세이다.

대상 업무 후보를 수집하고 평가해서 우선순위를 정하는 것은 RPA 도입 초기에 COE의 주도하에 진행하는 방식이다. 이 시기가 지나면 자동화가 가능한 업무는 모두 자동화해 그 영역을 넓히는 것이 좋다.

대상 업무를 리디자인하라

자동화 대상 업무가 선정되었다면 RPA로 개발하기 위해 분석·설계 과정을 수행한다. 이 과정은 총 2단계로 진행하는데, 첫 번째는 '현재 업무 분석' 단계, 두 번째는 대상 업무의 수행 방식을 정리하고 표준화해 RPA에 적합한 형태로 설계하는 '개선된 업무 설계' 단계다.

현재 업무 분석

현재 업무 분석의 목표는 자동화할 업무를 상세히 기록하고 전체 프로세스를 깊이 이해하는 것이다. 이를 위해 업무 담당자로부터 사용하는 시스템과 절차와 관련된 모든 정보를 수집한다.

관련 자료를 확인하고 담당자의 요구 사항을 수집해서 대상 업무의 모든 내용을 상세히 기록하는 문서를 만든다. 이것을 업무기술서

현재 업무 분석 ──────▶	개선된 업무 설계
1. 관련 자료 조사	1. 대상 업무 리디자인
2. 담당자 인터뷰	2. RPA 설계서 작성
3. 업무 수행 직접 관찰	
4. 업무기술서 작성	

라고 하는데 개선된 업무 설계를 위한 모든 내용이 포함되어야 한다.

업무기술서는 업무 담당자가 직접 작성하는 것이 좋지만, 부담을 덜어주기 위해 업무 분석가가 작성하는 경우도 많다. 업무기술서를 작성할 때는 모든 요구 사항을 올바르게 이해하고 필요한 모든 내용이 포함되어야 한다.

현재 업무 분석의 절차 및 방법

업무 담당자가 직접 업무기술서를 작성하는 경우에는 불필요하겠지만, 업무 분석가가 대상 업무를 분석할 경우 몇 가지 절차에 따라 진행하는 것이 효율적이다. 현재의 업무를 분석하는 방법은 여러 가지 있지만 쉽게 활용할 수 있는 4단계 과정을 소개한다.

- 1단계 관련 자료 조사: 대상 업무 선정 단계에서 수집된 'RPA 대상 업무 후보 조사표'는 필수 자료이다. 그 외에도 업무와 관련된 적절한 정보를 수집한다. 표준 운영 절차, 프로세스 맵, 조직도, 사용자 설명서 등 모든 자료가 포함된다.
- 2단계 담당자 인터뷰: 인터뷰어(업무 분석가)는 사전에 수집된

자료를 토대로 대상 업무의 내용을 확인한 후 인터뷰를 진행한다. 인터뷰를 시작할 때 업무 담당자에게 목적을 설명하고 결과가 무엇인지 명확하게 전달해야 한다. 질문 내용과 파악해야하는 항목을 정리해 인터뷰 시트를 준비하면 담당자의 만족도를 높일 수 있다.

- 3단계 업무 수행 직접 관찰: 인터뷰만으로 업무 내용을 정확하게 파악하려면 시간이 많이 걸리고 담당자에게 부담을 줄 수 있다. 이를 보완하기 위해 인터뷰하는 동안 전체적인 내용을 조사한 후 담당자가 실제 업무를 수행하는 과정을 직접 관찰하는 방법을 추가할 수 있다.

  업무 수행을 직접 관찰할 때는 2인 1조로 진행하는 것이 효율적이다. 특히 복잡한 업무 규칙을 파악하는 가장 좋은 방법은 업무 수행 과정을 동영상으로 촬영하는 것이다. 가능하다면 업무 분석가가 관찰을 진행하고, RPA 개발자가 촬영한다. 촬영하는 내용은 담당자가 활용하는 자료와 컴퓨터 화면이다. 촬영하기 전 담당자에게 동의를 얻어야 한다.

  동영상 촬영이 허락되지 않는다면 윈도우 OS 기본 기능인 PSR(단계 레코더)를 이용할 수 있다. PSR은 업무 담당자가 대상 업무를 화면에서 동작하는 것을 상세히 기록하고 저장하므로 활용도가 높다.

- 4단계 업무기술서 작성: 개선된 업무 설계를 위해 필요한 내용을 모두 모아 업무기술서를 작성한다.

업무기술서

업무기술서는 구체적으로 어떤 내용을 작성해야 하는지 확인한다. 업무기술서는 다음 단계인 개선된 업무 설계에 필요한 모든 내용을 기록하는 것이 원칙이다.

- 업무 정보: 업무에 대한 개요를 구체적으로 기록한다. 담당자 정보, 업무 수행 정보(1회 소요 시간, 업무 주기, 연간 수행 건수, 담당자 수 등)도 함께 기록한다.
- 업무 처리 순서도: 업무를 처리하는 절차를 이해할 수 있도록 단위 업무 수준으로 순서도를 그린다.
- 단위 업무별 상세 업무 흐름도: 업무 처리 순서도의 단위 업무별로 상세한 업무흐름도를 그린다.
- 단위 업무별 상세 내역: 단위 업무의 상세한 내용을 기술한다. 담당자의 모든 업무 행위를 상세하고 정확하게 기술한다. 사용하는 애플리케이션 화면의 스크린샷, 입력 데이터와 작성하는 파일, 예외 처리 방법 등을 기록한다.

다음 그림은 업무기술서의 예시다. 업무에 대한 설명이 있다면 어떤 양식이든 상관없으므로 회사에 맞게 구성하면 된다.

·······➤ 업무기술서 예시 1

·······➤ 업무기술서 예시 2

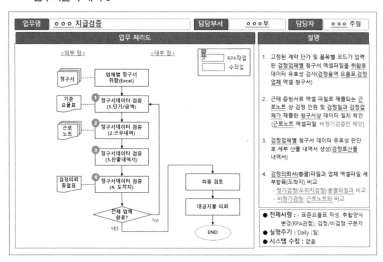

·······➤ 업무기술서 예시 3

개선된 업무 설계

자동화 후 예상되는 비즈니스 프로세스를 설계해 대상 업무를 정확하게 RPA로 구현하는 것을 목표로 한다. 개선된 업무 설계는 대상 업무 리디자인과 RPA 설계서 작성으로 진행된다.

대상 업무의 리디자인

개선된 업무 설계는 가장 먼저 대상 업무를 리디자인(Redesign, 재설계)하는 과정으로 시작한다. 업무의 리디자인은 업무기술서를 토대로 기술적인 검토를 거쳐서 RPA 로봇이 업무를 수행하는 방식을 결정하고, 담당자인 사람과 RPA 로봇이 어떤 방법으로 의사소통을 할 것인지를 정하는 과정이다. 즉, 대상 업무를 로봇이 수행할 때 가장 효율적이고 효과적인 형태로 개선하는 것을 프로세스 리디자인(Process Redesign)이라고 한다.

먼저 사람이 하던 업무를 분석해 쉽게 정의할 수 있는 간단한 구성으로 나누고, 흐름이나 순서에 맞춰서 그 구성들을 배치해 업무를 표준화한다. 업무 내용의 표준화뿐 아니라 로봇이 수행할 때 효율적인 방법을 생각한다. 사람이 할 때 합리적인 방법이라고 해서 로봇이 수행할 때도 효율적인 것은 아니다.

이러한 구성이 잘 정의되었는지를 확인하려면 대상 업무가 변화되는 경우를 가정해보면 된다. 업무의 변화에 대응하기 위해 구성을 변경하는 범위가 작을수록 좋다. 업무의 변화에 따라 구성의 변경이 커지면 프로세스 리디자인이 필요할 수 있다. 프로세스 리디자인을 할 때 항상 염두에 두어야 하는 것은 해당 업무가 시간이 지남에 따라 변화하고 대체될 수 있다는 것이다.

프로세스 리디자인의 결과에 따라 로봇이 처리하는 구성과 담당자가 수행하는 구성을 표시해 전체 업무의 흐름을 스케치한다. 이것은 RPA 영역과 사람의 역할을 명확히 구분하는 데 도움이 된다. 이것을 설계서에 포함한다.

다음은 프로세스 리디자인 결과의 예시다. 명칭이나 내용은 업무에 따라 변경될 수 있다.

·······▶ 프로세스 리디자인 예시 1

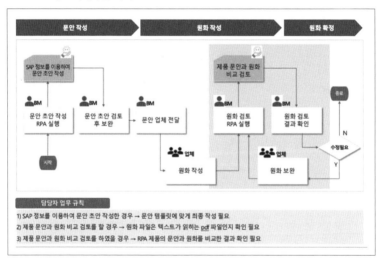

········▶ 프로세스 리디자인 예시 2

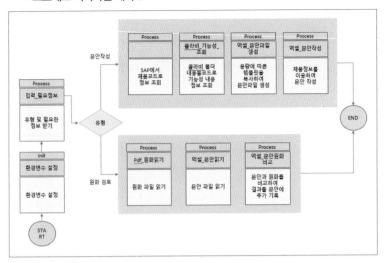

········▶ 프로세스 리디자인 예시 3

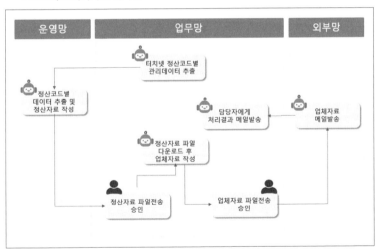

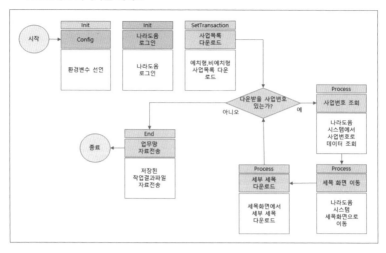

RPA 설계서 작성

가장 중요한 프로세스 리디자인 단계에서 RPA 프로세스의 구조와 범위가 도출되면 상세한 내용을 설계서로 작성한다. 설계서를 작성할 때 추가로 고려해야 할 점은 RPA 프로세스가 안정적으로 실행되고, 필요한 경우에 쉽게 변경할 수 있어야 한다는 것이다. 프로세스 리디자인과 설계서 작성은 순차적인 단계가 아니므로 병행해서 진행할 수 있다. 설계서를 작성하는 과정에서 프로세스의 구조를 재구성할 필요도 있다.

RPA 설계서는 RPA 구축 시 필수 자료이다. 설계서를 작성하지 않고 개발하는 것은 설계도면 없이 건물을 짓는 것과 같으므로 반드시 작성해야 한다.

- 프로세스 정보: 프로세스 코드, 프로세스 이름과 요약 설명이 들어간다. 분석 과정에서 파악된 업무 수행 정보(1회 소요 시간, 업무 주기, 연간 수행 건수, 담당자 수 등)도 함께 기록한다. 중요한 것은 프로세스를 수행하기 위한 입력 데이터와 프로세스 수행 결과를 명확하게 기록하는 것이다.

- 프로세스 구조: 프로세스 리디자인 과정에서 작성된다. 업무 전체 영역을 단위 프로세스로 나누고, 각 프로세스를 수행하는 주체(사람, 로봇)를 표시한다. 사람의 영역과 로봇이 처리하는 프로세스 간의 실행 순서나 관계가 나타나야 한다.

- 프로세스 흐름도: 프로세스 구조와 함께 리디자인 과정에서 작성된다. 프로세스 구조 중에서 로봇이 처리하는 영역의 상세 내용을 순서도 형식(여러 종류의 도형과 화살표를 이용해 일의 흐름을 표시한 그림)으로 작성한 것이다. 로봇이 처리하는 프로세스가 5개라면 각각의 프로세스 흐름도를 작성해야 한다.

  프로세스 흐름도의 구성 단위는 모듈이다. 모듈은 RPA 로봇이 무엇을 어떻게 수행하는지에 대한 내용을 담고 있는 RPA 프로그램의 기본 단위이기도 하다. 이 모듈을 명확하게 정의해야 프로세스 흐름도를 이해하기 쉽다.

  프로세스 흐름도는 시작과 끝을 나타내는 것으로 모듈명과 모듈의 설명을 간략하게 기록하고 모듈 사이의 실행 순서를 나타낸다. 내용이 복잡해서 한 장의 흐름도로 표현할 수 없다면 그룹화하고 별도의 흐름도를 추가하면 된다.

- 모듈 상세: 프로세스 흐름도에 있는 모든 모듈의 내용을 상세

히 작성한다. 로봇의 구체적인 처리를 기술하는 것으로 어떤 화면의 어느 필드에 데이터를 입력해야 하는지를 화면 캡처와 함께 작성한다. 또한 모듈이 실행하는 데 필요한 입력 데이터를 구체적으로 기술한다.

모듈 상세를 작성할 때 꼭 확인해야 하는 것은 예외 사항이 있는지 여부다. 예외 사항이 있다면 유형별로 처리 방안도 함께 기술한다.

RPA 설계서는 초안을 작성하고, 프로세스 흐름도와 모듈 상세는 완성할 때까지 업데이트한다. 이 설계서가 다음 단계인 RPA 스크립트 개발을 위한 필수 자료가 된다.

······▶ RPA 설계서 – 모듈 상세 예시

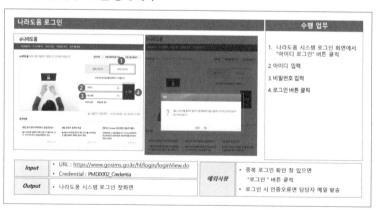

RPA 스크립트를
개발하라

사람이 자신의 업무를 자동화할 때 기대하는 것은 로봇의 수행 결과를 확인만 하고 자신은 다음 업무에 집중하는 것이다. 로봇의 수행 오류가 높아서 실행 결과를 믿지 못하면 자동화한 업무는 다시 사람이 해야 한다. 그래서 RPA 스크립트를 개발할 때 가장 중요한 것은 오류 없이 안정적으로 실행하는 것이다.

RPA 로봇의 성공률을 높이기 위한 좋은 스크립트 개발 기준과 품질을 높일 수 있는 표준 프레임워크가 필요하다. 좋은 스크립트를 만들기 위한 기준과 조건이 무엇인지 살펴보고, 표준 프레임워크는 무엇이며 어떤 내용이 포함되는지 확인해보자.

좋은 RPA 스크립트 개발을 위한 체크포인트

모듈 구성

좋은 RPA 스크립트를 개발하기 위한 체크 포인트 첫 번째는 가장 기본적으로 모듈을 잘 구성하는 것이다. 모듈은 RPA 솔루션에 따라서 워크플로(workflow), 태스크(task) 등으로 불리는 프로그램의 기본 단위다. RPA 스크립트 개발이란 RPA 적용 업무를 여러 모듈로 나누고 실행 순서를 정하는 것이다. 좋은 스크립트를 개발하기 위해 모듈을 구성할 때 고려해야 하는 사항을 모듈의 단위, 재사용성, 인수(argument) 3가지 측면에서 살펴보자.

• 모듈의 단위

모듈의 단위는 범위 또는 크기라고 표현할 수 있는데, 그에 따라 모듈의 개수와 실행 순서, 즉 모듈의 구성이 달라진다.

예를 들어 하나의 모듈에 많은 업무 내용이 들어가면 모듈의 개수가 줄어서 구성이 간단해지고 실행 순서도 단순해지지만 각 모듈 내에서 처리해야 하는 내용이 많고 복잡해진다. 반대로 모듈 하나의 기능을 너무 간단하게 설계하면 전체 업무를 위한 모듈의 개수가 너무 많아지고 실행 순서를 정하기도 복잡해진다. 적절한 단위로 모듈을 정의해야 이해하기 쉬우면서도 구성이 간단한 RPA 스크립트를 개발할 수 있다.

다음 그림은 하나의 업무를 분해해 적절한 단위의 모듈로 정의하는 과정을 도표로 나타낸 것이다. 'A, B사이트에서 전월 매출 자료를 다운로드해 전월 전체 매출 보고서를 작성하고 담당자에게 메일

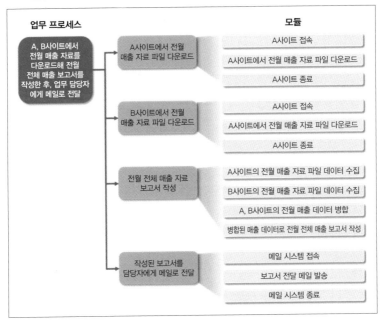

로 전달'하는 업무를 4개 영역으로 나누었다.

- A사이트에서 전월 매출 자료 파일 다운로드하기
- B사이트에서 전월 매출 자료 파일 다운로드하기
- 전월 전체 매출 보고서 작성하기
- 작성된 보고서를 담당자에게 메일 보내기

상세 내용을 확인해 모듈을 더 세분화할 수도 있다. 'A사이트에서 전월 매출 자료 파일 다운로드하기'에서 A사이트에 로그인이 필요하다면 'A사이트 로그인'과 'A사이트 종료'를 분리해 모듈로 만들어 A사이트를 활용하는 다른 업무를 자동화할 때도 사용할 수 있다. 그림에서 모듈은 최종적으로 13개로 구성하지만 실제 업무 내용에 따라 달라질 수 있다.

• 모듈의 재사용성

모듈을 구성할 때 고려해야 할 두 번째 사항은 모듈의 재사용성이다. 프로그램의 중복 개발을 피하기 위해 같은 내용의 개발이 필요한 경우 앞서 개발한 모듈을 다시 사용하는 것을 말한다. 모듈의 재사용성이 높으면 개발 속도가 빨라지고 프로그램 변경을 줄일 수 있다.

앞의 사례에서 'A사이트 로그인' 모듈은 다른 업무에도 사용할 수 있다. 이렇게 모듈이 서로 독립적으로 실행될 수 있으면 필요할 때 모듈을 재사용할 수 있어 개발 효율이 높아진다.

• 모듈의 인수(argument, parameter)

모듈을 구성할 때 고려해야 할 마지막 사항은 모듈의 인수를 단순한 데이터 타입으로 설정하는 것이다. 인수는 모듈의 외부와 내부 사이에 데이터를 주고받는 용도로 사용하는데, 데이터 타입으로 데이터테이블(dataTable)이나 딕셔너리(dictionary)와 같은 데이터 세트(data set, 여러 개의 데이터 집합)는 사용하지 않는 것이 좋다. 인수를 하나만 설정하면서 데이터 세트를 이용하면 개발할 때는 편할 수 있지만, 테스트나 변경이 필요할 때 데이터 세트의 구조를 모두 파악해야 하므로 유지 보수하기가 매우 어렵고 모듈의 내용이 커질 수 있다. 스트링(string), 인티저(integer) 정도의 단순한 데이터 타입으로 사용하고 필요한 경우 1차원 배열을 고려한다.

정리하면 대상 업무를 적당한 단위의 모듈로 구성하고 독립적으로 실행할 수 있도록 배치하는 것이 좋은 RPA 스크립트 개발이다.

안정적인 예외 처리와 적절한 로그 기록

좋은 RPA 스크립트를 개발하기 위한 체크 포인트 두 번째는 RPA가 안정적으로 실행되기 위한 예외 처리와 적절한 로그를 기록하는 것이다.

• 안정적인 예외 처리

예외 처리는 모든 프로그램의 기본으로 RPA 스크립트를 개발할 때도 중요하다. RPA 프로세스가 실행되는 중에 발생할 수 있는 예기치 않은 일은 크게 '업무 예외'와 '시스템 오류'로 나뉜다. RPA 스크립트를 개발할 때 소홀히 할 수 있는 것이 '업무 예외'인데, 담당자의 원활한 의사소통을 위해서는 업무 예외를 명확하게 처리하는 것이 중요하다.

업무 예외가 발생할 수 있는 사례를 생각해보자. 50개 업체로부터 매달 받는 청구서를 취합해 월간 청구 보고서를 만들어서 승인받는 업무가 있다. 50개 업체는 청구서가 첨부된 메일을 보내는데 담당자의 실수로 청구서가 첨부되지 않는 경우가 있을 것이다. 이때 RPA는 해당 업체에 청구서가 첨부되지 않았음을 알리는 메일을 발송해야 업체 담당자가 다시 청구서를 보낼 수 있다.

이처럼 업무를 수행하는 데 필요한 문서가 없거나 이메일에 필요한 첨부 파일이 없는 경우와 같이 예외적인 사항을 담당자에게 정확하게 전달해 대응하도록 해야 한다.

• 적절한 로그 기록

로그는 RPA 로봇이 수행하는 내용을 기록하는 것을 말한다. RPA 로봇의 수행 과정을 모니터링할 때 로그를 이용하기 때문에 로그가 자세할수록 로봇이 동작한 내용을 자세히 알 수 있어 RPA 운영에 편리하다. 하지만 로그의 양이 많아지면 로그 데이터가 RPA 서버에 부하를 줄 수 있다. 그래서 로그를 적절히 기록하는 기준이 필요하다.

로그는 다음 3가지 경우에 기록하는 것이 가장 적절하다.

• 시스템 오류가 발생하면 오류 메시지를 로그로 기록한다.
• 비즈니스 예외가 발생하면 그 내용을 로그로 기록한다.
• 모듈의 시작과 종료 시에 로그를 기록한다. 시작 로그에는 입력인수의 값을 함께 기록하고, 종료 로그에는 수행 결과나 출력인수의 값을 기록하면 가독성 좋은 로그가 된다.

환경값 설정

좋은 RPA 스크립트를 개발하기 위한 체크 포인트 세 번째는 변경될 수 있는 내용을 쉽게 수정할 수 있게 하는 것이다. 변경 가능성이 있는 데이터와 RPA 스크립트에서 사용하는 상숫값을 환경값이라고 하는데, 대표적인 예가 시스템의 로그인 정보이다. 로그인 정보는 보안을 위해 반드시 암호화되어 보관해야 하고 주기적으로 비밀번호를 변경해야 하므로 환경값으로 등록한다.

이러한 환경값을 변수에 저장하는 위치는 하나의 모듈이 좋다. 모듈을 고정하면 데이터가 변경되었을 때 쉽게 위치를 확인하고 수정할 수 있다.

화면 동기화

좋은 RPA 스크립트를 개발하기 위한 체크 포인트 네 번째는 화면 동기화를 잘하는 것이다. 화면 동기화는 RPA 스크립트 개발의 특징인데, 정확하게 이해하기 위해 다음 사례를 생각해보자.

매일 오전과 오후 두 번 네이버에서 '오늘의 날씨'를 검색해서 기온을 알아보는 것이다. 단계를 나눠보면, 우선 웹브라우저에서 네이버 사이트를 연 다음, '오늘의 날씨'를 검색창에 입력하고, 검색 결과로 기온을 확인한 다음 웹브라우저를 닫는다.

보통 1초 이내에 열리던 네이버 홈 화면이 네트워크의 문제로 5초가 지나서야 열렸다고 가정해보자. RPA 로봇이 5초가 지나서 홈 화면이 열리는 상황을 알지 못하면 '오늘의 날씨'를 검색창에 입력하려다가 오류가 발생할 것이다. 이를 방지하기 위해서는 사람이 눈으로 확인하는 것처럼 RPA도 화면의 상태를 확인해서 검색창이 나타날 때까지 기다리다가 정상적으로 나타나면 '오늘의 날씨'를 입력하도록 해야 한다.

사용할 화면이 실행되었는지를 확인하면서 처리하는 것을 '화면 동기화'라고 한다. RPA 스크립트 개발 중 많은 부분이 다른 시스템의 화면을 이용하는 것이기 때문에 '화면 동기화'는 RPA의 수행 성공률에 매우 큰 영향을 끼친다.

RPA 솔루션마다 화면 동기화를 지원하는 기능이 다양하므로 이러한 기능을 적극적으로 활용해 RPA 로봇이 안정적으로 수행할 수 있도록 해야 한다.

표준 프레임워크 사용

표준 프레임워크 구조

RPA 프로세스를 실행할 수 있는 기본 구조만 있는 RPA 스크립트를 표준 프레임워크라고 한다. 업무 내용은 없이 모듈의 구조만 있는 스크립트로 프로세스를 개발할 때 업무 내용을 추가하면 된다.

표준 프레임워크는 크게 이니트(Init), 프로세스(Process), 엔드(End) 3단계로 구성하는 것이 일반적이며 필요에 따라 영역을 추가한다.

이니트(Init, 시작, 준비)는 RPA 프로세스에서 가장 먼저 실행되는 단계이다. RPA 프로세스를 시작하기 위한 준비를 하는 것이다. 환경값을 설정하고, 사용해야 하는 시스템을 로그인하거나, 프로세스를 수행할 때 필요한 템플릿 파일이 있는지 등을 확인한다.

프로세스(Process, 처리, 진행)는 반복적으로 해야 하는 내용을 처리하는 단계이다. 이니트 단계에서 준비를 마쳤으므로 프로세스에서는 업무 내용을 처리한다. 반복하는 각각의 처리 결과가 성공인지 실패인지 확인할 수 있는 내용이 포함되면 좋다.

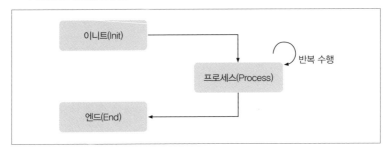

표준 프레임워크 구조

엔드(End, 마무리, 정리)는 RPA 프로세스를 실행하고 나서 마무리하는 단계이다. 예를 들어 프로세스 단계에서 만들었던 파일 등을 삭제해 로봇의 실행 흔적을 정리하거나 RPA 프로세스 실행 결과를 담당자에게 알리는 내용이 엔드 단계에 포함된다. 특히 RPA 프로세스 실행 중에 발생할 수 있는 모든 오류에 대한 예외 처리를 해야 한다.

3단계마다 오류가 발생할 경우를 대비한 예외 처리와 오류 메시지를 로깅하는 내용을 포함해야 하며, 각 단계별로 시작과 끝을 나타내는 로그를 기록하면 RPA 로봇의 프로세스 수행 과정을 확인할 수 있어 유용하다.

표준 프레임워크에서 중요한 것은 로봇이 수행 중 애플리케이션 오류나 시스템 오류가 발생했을 때 재시도를 할 수 있어야 한다는 점이다. RPA 로봇이 프로세스를 실행할 때 오류가 전혀 없을 것이라고 기대하는 것은 올바른 자세가 아니다. 항상 오류가 발생할 수 있다고 생각하고, RPA 로봇이 오류를 극복하고 RPA 프로세스를 성공적으로 수행할 수 있도록 준비해야 한다. 가장 효과적인 방법은 RPA 프로세스 수행 중 오류가 발생했을 때 다시 한 번 수행하도록

하는 것이다. 재시도 횟수는 업무에 따라서 지정하는 것이면 좋다.

재시도를 할 때는 사용하는 애플리케이션을 모두 종료하고 처음과 같은 환경에서 다시 시작하는 것이 오류가 재발할 확률을 낮춘다. 그렇다고 해서 아예 처음부터 다시 시작하는 것이 아니라, 오류가 발생한 위치로 돌아가서 재실행할 수 있도록 구성해야 한다.

나는 이러한 표준 프레임워크를 몇 가지 유형으로 만들어서 사용한다. 프로세스 부분이 반복되지 않는 베이직(Basic) 유형을 기본으로 하고, 프로세스 반복을 처리하는 방식에 따라 데이터테이블 유형, 큐 유형, 메일 유형으로 구분한다.

표준 프레임워크를 사용해 RPA 프로세스를 개발할 때 주의할 점은 업무마다 처리 내용이 달라지더라도 표준 프레임워크의 기본 구조를 변경하지 않고 업무별 내용을 추가하는 것이다. 기본 구조를 변경한다면 표준 프레임워크를 사용하는 이점이 줄어들 수 있다.

표준 프레임워크 사용 이유

표준 프레임워크의 구조를 보면 그렇게 간단해 보이지 않을 것이다. 어렵게 느껴지는 표준 프레임워크를 사용해야 하는 이유는 다음과 같다.

- 수행 중 발생하는 오류의 기본적인 예외 처리와 로깅, 환경값 설정 모듈을 포함하고 있어 개발 편의성이 높다.
- 모든 스크립트가 동일한 구조를 사용하므로 개발 방식을 표준화하고 스크립트의 가독성을 높인다.

- 스크립트의 동일한 구조와 충실한 로깅, 적절한 예외 처리로 RPA 프로세스의 운영 안정성을 높이고, RPA 로봇의 모니터링 보고서 작성을 위한 다양한 데이터를 제공한다.

RPA 스크립트 개발에서 가장 우선적으로 고려해야 할 사항은 성공적인 수행이다. 업무 담당자가 아니라 RPA 전문가가 개발한다면 표준 프레임워크를 완전히 이해하고 용도에 맞게 활용할 수 있어야 한다.

RPA 스크립트를 개발하기 전에 공용으로 지켜야 하는 규칙과 좋은 스크립트 개발 방법, 표준 프레임워크 사용을 개발 표준으로 정리하는 것이 좋다. 개발 표준을 스크립트 개발에 참여하는 모든 인원과 공유하고 준수해야 한다.

개발 표준을 지키는 것은 개발 과정부터 안정적인 운영을 고려하는 것으로, 오류 발생을 최소화하고 오류 발생 시 복구 시간을 줄여주어 RPA 운영 비용을 줄일 수 있다.

QA는 반드시 진행하자

QA를 해야 하는 이유

QA(Qualify Assurance, 품질 보장)는 'RPA 개발 표준'을 잘 지켜서 설계되고 개발되었는지를 확인하는 단계이다. 여기서 점검하는 것은 어떤 업무를 RPA로 개발했느냐가 아니라 RPA 개발 표준에 맞춰서 잘 개발되었느냐이다.

QA는 반드시 수행해야 하는 절차가 아니라 여기고 실제 프로젝트에서 QA 단계를 진행하지 않는 경우가 있다. 개발 단계에서는 품질보다 정상적으로 잘 수행되는지가 더 중요하기 때문이다. 하지만 운영하는 시점이 되면 QA가 정말 필요한 단계라는 것을 깨닫는다.

표준 프레임워크와 개발 표준서가 준비되어 있는 회사에서 RPA를 개발하고 운영할 때였다. 자동화 업무가 계속 추가될 때마다 개발자가 신규로 합류해 개발이 완료되면 RPA 운영팀에게 전달하고 끝나는 경우였다. RPA 전문 개발자로서 경험이 많은 사람이었는데 개발 기간이 짧고 업무도 간단해서 기업의 표준 프레임워크와 개발 표준을 숙지하지 않고 임의로 개발을 했다.

그 개발자가 만든 프로세스의 실행 성공률이 50% 미만이어서 원인을 분석하기 위해 로봇의 수행 로그를 확인했는데, 그 회사의 다른 RPA 프로세스 로그와는 전혀 다른 형태로 기록되어 있었다. 개발 스크립트를 수정하려고 내용을 보니 모든 소스코드에 주석이 없고, 변수명과 모듈명이 개발 표준에 명시되어 있는 방식이 아니었다. 개발자가 임의로 약어를 만들어 내용을 이해하기가 매우 힘들었다. 결국 다시 개발하는 것이 더 빠르다고 판단했다.

이렇게 RPA 개발 표준을 지키지 않은 소스코드는 운영 담당자의 많은 노력과 시간을 요구하는데, 이를 방지하기 위한 단계가 QA다.

QA 기준

QA는 너무 길지 않게 진행하는 것이 좋으므로 체크리스트를 준비한다. 크게 프로그래밍과 유지 보수 측면에서 체크리스트를 만든다. 프로그래밍 기준으로는 모듈화, 가독성, 유연성, 확장성을 체크하고, 유지 보수 기준으로는 RPA 개발 표준 준수, 쉬운 로직, 적절한 로깅, 안정된 예외 처리를 체크한다.

프로그래밍 기준

- 모듈화: 각 모듈이 독립적으로 실행 가능한지, 인수의 데이터 유형이 적절한지 체크한다.

- 가독성: 스크립트 내에서 명명 규칙과 주석을 적절하게 기입했는지 체크한다.
- 유연성: 환경값 설정이 잘되었는지 확인해 업무 변경을 쉽게 처리할 수 있는지 체크한다.
- 확장성: 대상 업무의 범위가 추가되거나 변경되었을 때 쉽게 대응할 수 있는 구조인지 확인한다.

유지 보수 기준

- RPA 개발 표준 준수: 표준 프레임워크와 개발 표준을 준수했는지 확인한다.
- 쉬운 로직: 쉽고 간단한 로직은 개발 소스의 직관성을 향상하고 이해하기 쉬우므로 너무 복잡하거나 어려운 로직으로 구성되어 있는지 확인한다.
- 적절한 로깅: RPA 프로세스 수행 과정에 대한 적절한 로깅과 오류 메시지 로깅이 되어 있는지 확인한다.
- 안정된 예외 처리: 애플리케이션이나 시스템 오류에 대한 예외 처리와 함께 비즈니스 예외에 대해 적절한 조치가 되어 있는지 확인한다.

QA는 개발이 완료되고 나서 하는 것이 아니라 개발할 스크립트가 모두 작성되었을 때 진행하는 것이 좋다. QA 과정에서 지켜지지 않은 표준이나 모듈 구조가 확인되면 개발 소스를 수정해야 한다. 스크립트 개발 및 단위 테스트 → QA → 스크립트 수정 및 보완 →

사용자 승인 테스트 순서로 진행한다. 그리고 개발자에게 스크립트 소스의 수정을 요구해야 하므로 적절한 권한이 있는 사람이 QA를 진행해야 한다.

모니터링과
유지 보수는 필수

RPA는 운영팀의 역할이 중요하다

RPA가 사무 업무의 '자동화'라고 해서 RPA 프로세스의 실행 오류 가능성이 축소되는 경향이 있다. 하지만 RPA 자체에는 결함이 없더라도 대상 시스템이나 수행 환경의 영향으로 언제든지 실행 오류 가능성이 있다.

예를 들어 국제 원유 가격을 조사하는 업무를 진행할 때, 오피넷과 같은 웹사이트에서 원유 가격을 검색해야 하는데 해당 웹페이지가 열리지 않으면 RPA 프로세스는 시스템 오류로 처리된다. 회사 내 ERP 시스템에서 전일자 주문 정보를 조회할 때, 주문 정보 화면에 데이터 항목이 하나 더 추가되거나 이전에 없던 알림 팝업창이 추가되는 등 화면의 변경이 있으면 시스템 오류가 발생한다.

RPA 프로세스를 실제 업무에 적용한 후 실행 과정에서 수정과 보완이 이어져야 한다. 그렇지 않으면 처음에는 수행 성공률이 높아도 시간이 지나면서 수행 오류가 처리되지 못하고 수행 성공률은 점차 낮아진다.

반대로 RPA 프로세스를 처음 실행할 때는 오류가 잦아서 수행 성공률이 낮더라도 오류가 발생하는 부분을 수정하고 보완해가면서 성공률이 점점 높아질 수 있다.

A회사는 1년 전에 RPA를 처음 구축한 후 COE 조직을 구성했는데 그중에는 RPA 프로세스 모니터링 및 오류 처리 담당자도 있었다.

┈┈➡ RPA 프로세스 주간 성공률 분석

| 프로세스명 | 1/1 | 1/8 | 1/15 | 1/22 | 1/29 | 2/5 | 2/12 | 2/19 | 2/26 | 3/5 | 3/12 | 3/19 | 3/26 | 4/2 | 4/9 | 4/16 |
	1주	2주	3주	4주	5주	6주	7주	8주	9주	10주	11주	12주	13주	14주	15주	16주
고객취소요청 처리-입점몰 11번가	41.67%	52.05%	45.24%	67.07%	42.26%	49.63%	36.31%	50.58%	49.40%	82.76%	75.15%	74.85%	92.86%	93.43%	89.51%	96.35%
SAP FCM 모니터링	50.00%	85.71%	76.47%	93.33%	77.78%	84.62%	93.33%	93.33%	92.31%	73.33%	100.00%	86.67%	87.50%	81.25%	100.00%	
그룹일보-일일 시제 통의자금 일M	100.00%	93.44%	100.00%	87.72%	96.49%	69.23%	82.46%	98.21%	98.28%	98.00%	93.22%	100.00%	98.25%	96.97%	92.31%	98.87%

위의 도표는 A사의 COE에서 운영 중인 RPA 프로세스 분석을 위해 주별 성공률을 조사한 보고서의 일부다. 첫 번째 항목 막대그래프의 추이를 보면 1주 차 성공률이 41.67%로 시작해 9주 차까지는 높아지지 않는다. 하지만 지속적으로 원인을 찾아서 오류를 보완해 10주 차 이후에는 점차 성공률이 높아진다.

세 번째 항목 막대그래프를 보면 처음부터 성공률 100%로 시작해 꾸준히 높은 성공률을 보이고 있다. 그런데 6주 차에 69.23%로 낮아지다가 7주 차에 다시 성공률이 높아진다. 이것은 6주 차에 오류가 발생했고 즉시 조치되었기 때문이다.

RPA 전문 조직인 COE의 역할은 새로운 업무를 자동화하는 것과 함께 안정적인 RPA 운영이 큰 비중을 차지한다. RPA 운영을 위해 전담 운영 인력이 중요하다는 것을 확인할 수 있는 사례다.

RPA 프로세스 모니터링과 수행 결과 분석

RPA 운영 인력이 가장 먼저 해야 하는 일은 모니터링이다. 모니터링은 RPA 서버와 로봇의 하드웨어 상태 점검과 프로세스 점검으로 구분할 수 있다.

- 하드웨어 상태 점검: RPA 솔루션마다 차이가 있겠지만 RPA 아키텍처는 서버와 로봇으로 구분된다. 이 서버와 로봇의 물리적인 상태(로봇 상태, CPU 점유율, 하드디스크 사용량, 메모리 사용량, 네트워크 상태 등)를 점검한다.
- 프로세스 수행 점검: 가장 큰 비중을 차지하는 업무로 운영 중인 모든 RPA 프로세스의 수행 결과를 확인한다. 각 프로세스가 정상적으로 수행되었는지 확인하고, 그렇지 못한 경우에는 원인을 분석하고 해결 방안을 찾아서 처리한다.

RPA 운영 인력은 일정 기간에 프로세스 수행 결과를 분석해 개선할 부분을 확인해야 한다. 가장 많이 활용되는 수행 결과 지표는 로봇의 가동 시간, 프로세스 수행 시간과 건수 비교, 프로세스 성공률이다.

로봇의 가동 시간 추이

로봇의 가동 시간은 현재 가용할 수 있는 로봇 자원이 어느 정도 인지를 확인할 수 있다. 여러 로봇의 가동 시간을 비교해 특정 로봇에 업무가 몰려 있는지 확인하고 골고루 배치한다. 또 특정 요일에 가동 시간이 높으면 다른 요일로 분산할 수 있는지를 분석해 전체적으로 고르게 수행할 수 있도록 한다.

로봇 하나의 평균 가동 시간이 80% 이상이면 로봇을 늘려야 한다. 반대로 로봇의 가동 시간이 너무 낮으면 로봇의 수를 줄이거나 자동화 프로세스를 늘려야 비용 낭비를 막을 수 있다.

프로세스 수행 시간과 수행 건수 비교

프로세스 수행 시간과 수행 건수가 반드시 비례하는 것은 아니지만, 비정상적인 처리를 발견할 수 있는 하나의 지표이다. 수행 건수는 많은데 수행 시간은 상대적으로 짧은 경우에는 불필요하게 많은 스케줄이 걸려 있지 않은지 점검한다. 반대로 수행 건수는 적은데 수행 시간이 매우 긴 경우 해당 프로세스에 비효율적인 부분이 있거나 잦은 오류로 재시도 횟수가 높을 수 있다.

프로세스 성공률

모든 프로세스의 성공률을 비교하고 '최근 한 달간 오류 프로세스 톱 5'와 같이 기준을 정한 후 성공률이 낮은 프로세스를 우선 개선 대상으로 스크립트를 수정하고 보완한다. 기간별 성공률 추이를 분석해 조치 중인 프로세스의 성공률이 높아지고 있는지를 분석할 수도 있다.

　이외에도 수행 결과를 분석하는 다양한 지표가 있다. RPA 운영 인력은 필요에 따라 지표를 확인하면서 로봇을 효율적으로 활용하고, 프로세스의 성공률을 높이기 위해 계속 노력해야 한다.

RPA 프로세스 유지 보수

　실행 중인 RPA 프로세스를 수정하는 이유는 2가지다.

　첫째는 대상 업무가 변경되었을 경우다. 업무의 변경이 확인되면 영향도를 확인해 기존 프로세스를 수정할지, 새로운 프로세스로 구성할지 결정한다. 기존 프로세스를 수정할 경우 담당자에게 변경 내용을 확인하고 설계서와 스크립트 수정에 대한 변경 관리를 해야 한다.

　둘째는 프로세스 모니터링으로 수집된 수행 결과를 분석해 스크립트를 수정 또는 보완하는 경우다. 분석 결과 프로세스의 활용도가 없다면 담당자와 협의해 프로세스 폐기를 결정한다.

　RPA를 회사에 정착하기 위해서는 업무 담당자가 RPA 로봇이 수행하는 업무를 신뢰해야 한다. RPA 프로세스를 하나라도 실제 업무에 사용하는 회사라면 반드시 전담 운영 인력을 구성해 RPA 프로세스를 모니터링하고 수정과 변경에 대한 절차를 마련해야 한다.

RPA 절차를
표준화하라

RPA 절차

지금까지 RPA 절차의 주요 단계와 각 단계에서 해야 하는 것들을 알아보았다. RPA를 처음 시작하는 기업은 이를 기준으로 개발 절차와 운영 절차를 정하고, 각 단계의 수행 내용을 세부적으로 덧붙여 나가야 한다. 전체적인 과정에서 단계를 정의하지 않으면 시간이 흐른 후 앞의 단계에서 지나친 것이 큰 문제점으로 나타날 수 있다.

개발 절차

새로운 자동화 대상 업무를 선택해 RPA를 개발하고 실제 업무에 적용하기 전까지 모든 절차와 각 단계에서 작성해야 하는 산출물을 정리하면 다음과 같다. 각 단계의 상세한 내용은 앞의 설명을 참고하면 된다.

┈┈┈▶ RPA 개발 단계와 산출물

순서	단계	산출물
1	대상 업무 선택	대상 업무 우선순위 목록
2	대상 업무 분석	업무기술서
3	업무 리디자인 및 설계	RPA 설계서
4	RPA 개발 및 단위 테스트	RPA 스크립트, 개발 표준서, 표준 프레임워크
5	QA	QA 체크리스트, QA 결과서
6	사용자 승인 테스트	사용자 승인 테스트 시나리오 및 결과서
7	프로세스 이관	프로세스 매뉴얼

개발팀은 단계별로 해야 하는 일과 작성해야 하는 산출물의 기준을 반드시 공유해야 한다.

운영 절차

RPA 운영은 개발처럼 순차적으로 단계가 나눠지지 않기 때문에 업무 영역을 구분해서 상황에 따라 처리한다. 앞에서 상세히 설명

┈┈┈▶ RPA 운영 업무 영역

순서	영역	내용
1	프로세스 모니터링	프로세스의 스케줄에 맞게 정상적으로 수행되었는지 확인한다.
2	프로세스 오류 원인 분석 및 조치	프로세스의 비정상적인 오류는 원인을 분석하고 단순 조치가 가능하면 처리한다.
3	프로세스 수정 및 개선	오류의 원인 분석 결과 필요한 경우 프로세스 스크립트를 수정하거나 개선한다.
4	대상 업무 변화 관리	프로세스 대상 업무 내용이 변경되었을 경우 절차에 따라 재평가하고 개선하거나 폐기한다.
5	서버 및 로봇 관리	RPA 솔루션에 맞게 서버와 로봇을 구성하고 관리한다.

했으므로 여기서는 간략하게 도표화했다.

운영팀은 5가지 업무 영역 외에도 RPA 로봇이 있는 건물 전체의 정전이나 RPA 프로그램의 버전 업그레이드, 그리고 원인을 알 수 없는 오류 해결 등 다양한 상황에 따라 유연하게 대응해야 한다.

홍보는 필수, 기업의 문화에 RPA를 내재화하라

RPA 내재화

이 책의 서두에서 RPA는 여정이며 과정이라고 했다. 그 의미를 다시 한 번 말하면, 자동화를 적용한 업무를 계속 늘려나가서 모든 업무를 사람이 직접 하는 것에서 로봇과 같이 일하는 방식으로 변화해가는 과정이다. 자동화 여정의 끝은 일반 직원이 직접 RPA를 활용해 자신의 업무를 처리하는 것이다.

RPA를 처음 도입하는 기업의 직원은 RPA가 무엇인지도, 어떻게 활용하는지도 모르는 상태이다. 그러므로 구성원들에게 RPA에 관한 소식을 계속 알리고 홍보하며, 관심 있는 직원들이 RPA를 배울 수 있는 기회를 제공해야 한다. 이러한 일련의 과정을 RPA 내재화라고 한다.

RPA 내재화를 진행할 때 먼저 살펴야 하는 사항이 3가지 있다.

첫 번째는 RPA 내재화를 어떻게 진행할지 생각한다. 예를 들어

전사를 대상으로 할 것인지, RPA를 쉽게 적용할 수 있는 특정 영역의 직원을 대상으로 할 것인지, 작은 규모의 부서에서 시작해 반응과 참여도를 검증한 후 전사로 확대할 것인지 등을 생각해볼 수 있다.

두 번째는 내재화 수준이다. 회사의 모든 구성원이 자신의 업무를 직접 RPA로 개발해 사용하는 것을 목표로 할 것인지, 아니면 RPA 개발은 전문 개발자에게 맡기고 직원은 자동화에 대한 아이디어 발굴과 업무 활용에 집중할 것인지 결정한다.

세 번째는 RPA 전담 조직인 COE와 업무 조직의 일을 구분해서 정의한다. RPA 내재화를 진행하면 자동화 영역은 점점 커질 것이다. 확장되는 RPA를 COE에서 모두 관리하기는 현실적으로 어려울 뿐만 아니라 효율적이지도 못하므로 다른 부서와 협력 관계를 만드는 것이 좋다. 예를 들어 RPA 교육과정이 짜여지고 정기적으로 진행된다면 교육은 사내 교육 담당 부서가 주관하고 COE는 필요한 지원을 하는 것이다.

RPA 내재화의 다양한 방법

RPA 내재화는 다양하게 진행할 수 있다. 회사 내 RPA 진행 정도에 따라 내재화 방법을 정하고 적절한 속도로 진행하는 것이 좋다. 다음의 몇 가지 예시를 참고해 회사에 맞게 RPA 내재화를 어떻게 진행할 것인지를 생각해보자.

RPA 교육

RPA 정의와 업무에 활용하는 방식을 소개하는 개념 교육과 RPA 솔루션 사용법에 관한 교육으로 구분한다.

좀 더 중요한 것이 RPA 개념 교육이다. RPA가 무엇인지를 알고 실제 업무에서 활용하는 방법을 이해하면, 자신의 업무에 자동화를 적용할 수 있는 아이디어를 많이 낼 수 있다. RPA 개념 교육은 가능한 많은 직원들이 참여하는 것이 좋다.

RPA 솔루션 사용법에 관한 교육은 직원이 직접 RPA를 개발해보는 실습이 포함된다. 간단한 기본 과정과 전문 개발자가 될 수 있는 심화 과정으로 나눠서 구성할 수 있다.

RPA 교육과정은 정기적으로 진행되어야 하며, 교육에 참여한 직원들의 피드백을 수집하는 것이 좋다. 내재화에 적극적인 회사는 직원의 직무 교육에 RPA 교육을 포함할 수도 있다.

RPA 아이디어 수집

RPA 교육과 연계하면서 효과적인 RPA 아이디어 수집 창구를 마련하는 것이다. 모든 직원이 자동화 아이디어를 쉽게 제출하려면 무엇보다 어떤 부담도 느끼지 않고 자유롭고 재미있어야 한다. 특정 양식의 문서를 작성해야 하거나 여러 단계의 승인 과정을 거친다면 좋은 아이디어가 있어도 직원들의 참여가 소극적일 수밖에 없다.

'RPA 스토어' 같은 공간을 만들어서 아이디어를 파는 형식으로 포인트를 쌓을 수도 있다. 좋은 아이디어는 실제 RPA로 개발하고, 아이디어가 선정되면 추가 포인트를 준다. '이달의 아이디어 왕' 같은 배지를 직원 프로필에 올려 회사 내에 RPA를 홍보할 수도 있다.

RPA 소식지

회사에서 진행하고 있는 RPA에 관한 소식을 정기적으로 발행하는 것이다. 큰 행사나 작은 강연회, 교육 일정 등 RPA와 관련된 새로운 소식을 전하고, 현재 운영 중인 자동화 프로세스 중 좋은 사례를 소개한다. 전체 RPA 현황을 포함할 수도 있다. 국내에도 RPA를 도입한 회사 중에 월간 RPA 뉴스레터를 발행하는 곳이 있다.

RPA 행사

RPA에 대한 관심을 높이는 방법으로 여러 가지 행사를 기획하는 것이다.

유아이패스에서 발표한 사례 중에 터키의 CCI(Coca-Cola İçecek)는 여러 부서의 직원이 포함된 RPA 해커톤을 통해 RPA에 대한 인지도를 높였다고 한다. 해커톤은 하루 동안 RPA 기술과 장점을 설명한 후에 참가한 직원들이 문제를 논의하고, RPA 로봇을 활용해 문제를 해결하는 과정으로 진행했다.

국내의 포스코ICT는 에이웍스를 활용해 'Excel 업무 Zero化'라는 슬로건으로 RPA 경진대회를 진행했다. 부서별 대표 업무를 자동화해 사례 발표와 우수자 선정까지 경쟁적인 분위기가 형성되어 RPA의 관심을 높일 수 있었다. 이 과정에서 RPA의 효과를 체험한 직원은 적극적으로 RPA를 활용하고자 하는 의지가 높아졌다고 자평했다.

기업의 최고의사결정권자인 그룹 회장이 RPA 도입을 적극 지지한 B사는 RPA 적용 사례를 발표하고 시상하는 행사를 진행했다. 이 행사에 참여한 업무 담당자는 본인의 업무 중에서 RPA 대상 업무를 선정하고 3개월간 직접 개발해 업무에 적용했다. 행사 마지막에는 임원진을 포함한 심사단과 많은 직원들이 참석한 자리에서 참가자가 직접 자동화를 개발하고 업무에 활용한 결과를 발표했다. 발표 심사 후에 푸짐한 부상을 포함한 시상도 있었다.

규모가 큰 행사는 자주 진행하기 어려우므로 RPA에 대한 홍보를 계속하기 위해서는 소규모 세미나 또는 강연회를 진행하는 것도 좋은 방법이다. RPA의 최신 동향을 소개하거나 벤치마킹 사례 발표와 같은 주제를 정해 정기적으로 진행하는 것이 효과적이다.

RPA 내재화 성공 비법

성공적인 내재화를 위한 4가지 비법이 있다.

첫 번째는 가장 큰 영향력을 발휘하는 것으로 회사 경영층의 적극적인 지지와 후원이다. 인력과 비용이 필요한 과정을 진행할 때 의사결정권자의 강력한 후원은 그 자체로 성공할 수 있는 요인이다.

두 번째는 사람들의 눈길을 끄는 방법으로 회사의 구성원들과 RPA 뉴스를 공유하는 것이다. RPA와 관련된 내용이 그들만의 잔치로 끝나지 않도록, 회사의 모든 구성원에게 재미있는 RPA 소식을 꾸준히 전달한다. 출장 신청과 같은 회사의 보편적인 업무에 RPA를 적용하는 방법을 전사에 공유하거나, RPA를 직접 개발한 임원의 인터뷰 내용을 회사 그룹웨어의 홈에 올린 사례도 있다.

세 번째는 RPA 내재화를 주관하는 RPA 전담 조직에 적절한 지원을 하는 것이다. RPA 전담팀인 COE에 필요한 지원을 하지 않고 역량을 갖춘 직원을 투입하지 않는다면 RPA를 시작하지도 못하고 아이디어로 끝나버릴 것이다.

네 번째는 RPA 교육과정을 체계적이고 다양하게 준비해 상시화하는 것이다.

RPA 내재화 방법은 정해진 것이 없다. 여기에서 소개한 방법 외에도 회사에 RPA 전파를 목표로 다양하고 창의적인 방법을 시도해 RPA의 여정이 원활하게 진행되고 성공적인 내재화를 달성하기를 희망한다.

2장

RPA를
확장하고자 하는 기업

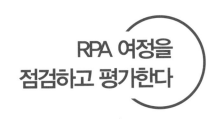

RPA 여정을
점검하고 평가한다

효과를 검증한다

앞서 말했지만 RPA를 처음 시작할 때는 RPA를 도입하고자 하는 목표를 설정하고 그것을 평가할 수 있는 KPI를 규정한다. 그리고 RPA를 확장하는 시점이 되면 규정한 KPI를 다시 평가해 RPA를 도입한 목표가 잘 달성되고 있는지 확인한다. RPA의 도입 목표를 처음부터 명확하게 정의하고 그에 맞는 KPI를 규정했다면 RPA 효과에 대한 평가는 순조롭게 진행될 것이다.

RPA를 처음 시작하는 회사에서 규정하는 대표적인 KPI는 바로 절감 시간이다. RPA로 업무를 자동화하면 사람이 로봇으로 대체된 것이므로 연간 얼마의 시간을 절감했는지를 성과로 발표한다. 내가 RPA를 운영하는 회사도 2020년 RPA를 도입했을 때 KPI를 절감 시간으로 규정했고, 연간 목표치에 충분히 도달해 매우 성공적으로 마무리했다.

RPA가 안정화되면서 확장하고 있는 2021년에는 전해만큼 시간이 절감되지는 않았다. 여러 가지 이유가 있겠지만 가장 먼저 생각해볼 수 있는 것은 대상 업무 중 자동화 효과가 큰 것은 2020년에 최우선 과제로 선정되어 이미 자동화했기 때문이다. 이것은 2부 1장의 'RPA를 적용할 영역을 선택하라'에서 RPA 도입 시기에 따른 자동화 대상 업무는 롱테일 형태를 나타낸다고 설명한 사례다. 새로 RPA를 적용하는 업무의 자동화 효과가 낮아지는 것은 자연스러운 현상이다.

물론 2020년에 비하면 2021년에 RPA 영역이 점차 확장되고 있다. 단지 2021년 추가로 자동화해서 절감한 시간이 전년보다 적다는 것이다. 그래서 회사의 COE는 KPI가 절감 시간만으로는 충분하지 않다고 생각했다. AI 기술을 결합할 수 있는 지능화 업무를 발굴해 가능성을 검증하고 있으며, 회사의 RPA 내재화를 강화해 개인이 RPA를 직접 활용할 수 있는 방향을 고민하고 있다.

RPA를 확장하는 시점에는 현재 상태의 RPA를 먼저 확인하고 자동화 효과가 충분히 나타나고 있는지 평가한다. 그 과정에서 자동화 효과가 충분하지 않다는 평가가 내려졌다면, KPI를 다시 규정해야 하는지 생각해본다.

RPA 여정의 이정표 확인

RPA 여정은 RPA를 배우는 데서부터 시작된다. RPA가 무엇인지, 회사에서 어떤 역할을 할 수 있는지를 파악해 RPA의 목표를 설정

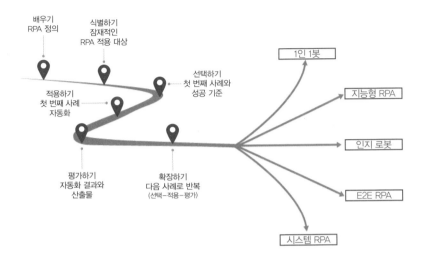

⋯⋯⋯▶ RPA 여정

배우기
RPA 정의

식별하기
잠재적인
RPA 적용 대상

선택하기
첫 번째 사례와
성공 기준

적용하기
첫 번째 사례
자동화

평가하기
자동화 결과와
산출물

확장하기
다음 사례로 반복
(선택-적용-평가)

1인 1봇

지능형 RPA

인지 로봇

E2E RPA

시스템 RPA

하는 과정이다. 그런 다음 어떤 업무에 RPA를 적용할 것인지 잠재
적인 후보 목록을 만든다. RPA 적용 대상 중 첫 번째 사례에 적합한
업무를 선택한다. 그리고 RPA를 적용한 결과를 평가할 수 있는 성
공 기준을 결정한다.

첫 번째 사례에 RPA를 적용해 RPA 프로세스가 업무를 대신 수행
한다. RPA를 적용할 때의 과정과 프로세스 수행 과정을 모두 평가
하고 결과를 반영한다. '선택하기-적용하기-평가하기' 과정을 반
복하면서 RPA를 확장한다.

위 그림에 나와 있는 RPA의 여정을 지나면서 회사의 RPA 방향
도 조금씩 변한다. 처음에는 자동화 효과가 큰 업무에 집중해 빠르
게 RPA를 개발하고 효과를 검증하는 것이 보편적이다.

다음에는 RPA 프로세스의 성공률을 높여서 업무가 안정적으로 수행되도록 하는 것이다. 직원들에게 RPA에 대한 신뢰가 쌓이면 사람이 RPA 로봇과 함께 일하는 방식도 자연스럽게 자리 잡을 것이다.

이때쯤이면 RPA의 영역을 넓히는 하나의 방법으로 개인이 RPA를 직접 관리하거나 스스로 개발해서 활용하는 RPA의 개인화를 시도할 수 있다. 이것을 1인 1봇이라고 표현한다.

AI 기술을 결합한 지능형 RPA를 업무에 적용하는 사례도 많아질 것이다. 여기에 더해 회사의 업무 프로세스를 혁신하고 사람과 RPA 로봇을 활용하는 BPR(업무 흐름 재설계, Business Process Reengineering)을 진행할 수 있다. 이것을 E2E RPA 프로세스라고 하는데, RPA의 발전 단계 중 2단계인 '지능형 자동화'다. 큰 영역의 업무 흐름을 자동화하면서 사람과 로봇이 역할을 나누고 각자의 역할을 수행하는 자동화 형태이다. 회사의 시스템을 구축할 때 RPA가 포함되는 형태도 나타날 수 있다.

RPA의 가장 성숙한 단계인 인지 로봇에 도달하기까지 RPA는 단계적으로 진행될 것이다.

RPA를 확장하고자 하는 회사는 아마도 RPA가 사람을 대신해 업무를 처리하는 것을 경험하고 나서 다음 과정을 어떻게 할 것인지 고민할 것이다. RPA의 여정에서 이정표마다 방향을 확인하고 결정한다.

RPA 전담팀의 역할 점검

RPA 전담 조직인 COE의 역할은 RPA 전략과 체계를 수립하고, 대상 업무를 선정해 개발과 운영까지 관리하며, RPA를 내재화하기 위한 노력을 하는 것이다.

COE가 업무를 처음 시작할 때는 RPA의 목표와 KPI를 정하고 자동화 대상 업무를 선정해 개발하는 데 집중하는 것이 좋다. RPA를 도입할 때 COE 구성원이 RPA 스크립트를 직접 개발하지 않더라도 대상 업무가 RPA 프로세스로 개발되는 데 가장 큰 관심을 둘 필요가 있다. 그리고 RPA를 확장하는 단계에서는 많은 업무가 RPA 프로세스로 운영 중이므로 COE는 RPA 스크립트 개발 이외에도 관심을 가져야 한다.

COE의 가장 중요한 역할은 RPA 전략을 수립하고 관리하는 것이다. RPA 효과를 평가해 잘 진행되고 있는지 점검하고, 평가 결과에 따라 RPA 전략에 반영한다. 그다음에 RPA 개발과 유지 보수를 포함한 RPA 운영 체계를 수립한다. COE 내부 인력이 개발할 것인지, RPA 전문 개발자를 활용할 것인지를 결정한다.

내부 직원이 RPA 개발을 하는 경우 오랜 시간 동안 안정적으로 회사의 RPA를 개발하기 때문에 관련 노하우를 쌓을 수 있고 회사의 RPA 역량도 높아진다. 하지만 COE가 다른 업무를 겸하는 경우에는 RPA 개발에만 집중하기 어려울 수 있다.

외부의 RPA 전문가가 개발하는 경우에는 현재 업무에만 집중하게 되므로 개발과 적용 속도가 빨라진다. 그리고 최신 RPA 기술을 도입·활용해서 자동화 적용 업무의 범위를 넓힐 수 있다. 하지만 외부 전문가의 역량에 따른 차이가 크기 때문에 역량을 검증할 수 있어야 한다.

마찬가지로 운영을 위한 상시 모니터링을 수행할 주체와 방식을 결정한다. 회사 직원이 RPA 운영을 맡으면 적용한 업무 현황을 파악할 수 있고 업무 담당자와 의사소통을 원활하게 할 수 있다. 하지만 RPA 운영만 전담하지 않는다면 RPA 프로세스 오류를 처리하는데 시간이 오래 걸리거나 그 처리가 미흡해 업무 담당자의 불만이 높아질 수 있다.

외부 전문가의 경우 RPA 운영에만 집중하므로 RPA 프로세스의 성공률을 높일 수 있다. 오류의 유형을 파악해 신속하게 처리하고, 서버와 로봇의 환경적인 문제를 해결할 수도 있다. 운영 보고서를 작성해 정기적인 보고도 가능하다.

이 과정을 수행했다면, 마지막으로 지금까지의 RPA 내재화 과정을 점검하고 필요한 부분을 보충한다.

RPA 전체 사이클을 관리해야 한다

COE가 반드시 해야 할 역할은 자동화 대상 업무를 계속 발굴하고 운영 중인 RPA 프로세스의 고도화나 폐기를 포함하는 전체 사이클을 관리하는 것이다. RPA 운영 체계는 회사에서 RPA의 개인화를 어느 정도 진행할 것인지에 대한 전략과도 밀접하게 연관된다.

직원이 직접 RPA를 개발하는 것으로 정했다면 RPA 프로세스의 모니터링 및 관리보다는 개인이 개발하는 데 필요한 여러 가지 공용 모듈을 제공하는 것이 더 효율적이다. 또한 개인의 RPA 활용 정도를 확인하고 활용도를 높이는 방법을 마련하는 것이 COE의 역할이다. 이처럼 COE는 회사 내의 RPA 전담 조직으로서 항상 RPA 여정을 점검하고 올바른 방향으로 가고 있는지 평가해야 한다.

RPA는 도입보다 운영이 중요하다

RPA를 확장하고자 하는 회사라면 이미 업무에 적용한 RPA 프로세스가 있을 것이다. 이것을 안정적으로 운용하는 것은 새로운 업무 영역에서 자동화를 넓히는 것만큼 중요하다. 새롭게 추가되는 RPA 프로세스도 관리해야 하므로 운영 중인 RPA 프로세스를 관리하는 기준을 마련하고 필요할 때마다 추가하고 보완해서 완성된 형태를 만든다.

RPA를 운영할 때 가장 기본적이고 중요한 2가지를 점검해보자.

개발 표준을 잘 지켰는가

RPA는 매우 쉽게 개발할 수 있기 때문에 간단한 업무는 일주일 만에 로봇이 실행하는 것을 확인할 수 있다. 개발하기 쉬운 만큼 RPA를 도입하려는 회사는 하루라도 빨리 개발해서 결과를 눈으로 확인하고 싶어 한다.

하지만 로봇이 업무를 실행하기 시작하면 바로 느끼는 것은 RPA 프로세스를 안정적으로 실행해야 한다는 점이다. RPA 로봇이 프로세스 수행에 자주 실패한다면 대상 업무를 자동화한 효과도 없어지고 직원들도 외면한다. 그러므로 오류 발생 시에 예외 사항을 충실하게 처리해야 한다.

특히 RPA는 사람이 하는 업무를 프로세스로 만들었기 때문에 업무가 변하는 주기가 짧은 편이므로 RPA 운영자는 스크립트를 자주 수정해야 한다. RPA 스크립트가 개발한 사람만 알아볼 수 있을 정도록 어렵게 구성되면 RPA 운영자는 유지 보수에 많은 노력을 기울여야 한다. 그러므로 RPA를 빨리 개발하는 것보다는 개발 표준을 지키면서 모범 사례에 맞게 개발해야 한다.

RPA 스크립트가 개발 표준을 잘 지켜서 만들어졌는지를 확인하는 QA는 운영의 중요한 단계이다. 안정적인 운영을 위해 RPA 운영자는 표준에 맞게 개발되었는지 확인하는 과정에 참여하는 것이 좋다. 필요한 산출물의 수준을 점검하고 개발 스크립트가 표준 프레임워크와 개발 표준을 준수하고 있는지 꼼꼼히 확인해서 RPA 프로세스를 운영할 때 품질보증을 할 수 있도록 한다.

로봇이 하는 일을 관리하고 평가하라

RPA 로봇의 역할은 RPA 프로세스를 실행하는 것이므로 RPA 운영팀은 이 로봇이 RPA 프로세스를 정확하게 수행하고 있는지 항상

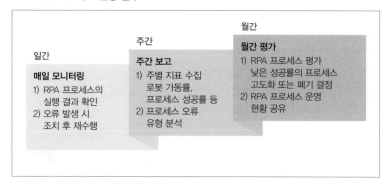

지켜봐야 한다.

RPA 로봇의 가동률을 구해 로봇이 효율적으로 일하고 있는지 평가한다. 1대의 로봇이 수행할 수 있는 최대 가동률은 80% 정도로 기준을 잡는다. 로봇의 가동률이 80%가 넘으면 RPA 프로세스 수행 시 과부하에 걸리거나 오류가 높아질 가능성이 있으므로 로봇을 늘릴 것인지를 생각해본다. 반대로 RPA 로봇의 전체 가동 시간이 너무 짧으면 불필요하게 로봇을 늘렸는지 생각해봐야 한다.

성공률이 낮은 프로세스를 개선해야 할지 평가한다. RPA 프로세스는 사람이 하던 업무를 로봇이 대행하는 것이므로 항상 프로세스가 정상적으로 수행되어야 하고 반복되는 오류는 반드시 원인을 파악하고 조치해야 한다.

RPA 프로세스가 정상적으로 실행되지 않는다면 이유를 확인하고 업무 담당자와 협의해 프로세스를 개선할지 폐기할지 평가한다.

매일 RPA 프로세스 수행에 대한 모니터링 결과를 기록하고 주간 모니터링 분석서를 작성한다.

월간 RPA 현황과 운영 보고서를 작성해 COE 내부뿐 아니라 관련 부서와 운영 상태를 공유하면서 공감대를 형성한다.

이외에도 COE는 RPA 운영을 위한 업무를 정의해 RPA 프로세스가 안정적으로 운영되도록 해야 한다.

RPA를 적용하는
업무 범위를 확장한다

아이디어로 적용 범위를 넓히자

RPA를 확장하고자 할 때 가장 먼저 떠올리는 방법은 RPA를 적용할 업무를 계속 늘려나가는 것이다. COE는 자동화 대상 업무 선정 기준에 따라 업무를 추가로 발굴해 RPA를 적용해야 한다.

이렇게 대상 업무를 RPA로 개발하다 보면 효과 있는 자동화 업무를 찾기가 점점 힘들어질 수 있다. 이때는 RPA로 적용할 업무 선정 기준을 다시 점검해보는 것이 좋다.

RPA 대상 업무 선정 기준은 RPA 효과성과 구현 난이도 2가지로 나뉜다. 자동화 대상 업무를 선정할 때 RPA 효과성의 기준을 낮추거나 구현 난이도의 기준을 낮추기도 한다.

RPA 효과성의 기준을 낮추면 개인의 업무도 자동화할 수 있다. 효과가 크지 않아서 이전까지는 대상이 되지 못했던 개인 업무를 자동화하면 연간 절감 시간이 많지 않을 수 있다. 하지만 개인이 해야 하는 반복 업무를 자동화하면 업무 부담을 줄인다는 점에서는 효과적이다.

개인 업무의 자동화는 COE에서 개발해 운영할 수도 있지만, RPA를 직원이 직접 개발해 사용할 수 있다. RPA 개발 교육과 쉽게 개발할 수 있는 환경을 제공하는 것이다. 이것은 RPA의 개인화 영역과 함께 생각한다.

RPA 구현 난이도의 기준을 낮추면 그동안 기술적으로 RPA 개발이 어려워 자동화 대상에서 제외했던 업무를 다시 포함할 수 있다. 이러한 업무에 RPA를 적용하기 위해서는 업무 프로세스를 개선해야 한다. 또는 RPA가 처리할 수 없는 부분에 새로운 IT 기술을 도입해 RPA와 결합할 수 있다.

AI를 결합한 새로운 프로세스

RPA와 결합해 높은 시너지를 내는 분야는 AI이다. 그중에서 가장 많이 활용되는 것은 인지적 OCR(Intelligent OCR)로 이미지에서 텍스트 데이터를 추출하는 기술이다. 사람이 눈으로 읽어서 직접 입력해야 했던 업무에 RPA와 인지적 OCR을 적용하는 것이다. RPA가 인지적 OCR을 이용해 추출한 데이터를 사람이 결과만 확인하는 형태로 업무량을 90% 이상 감소하는 효과가 있다.

학교 급식에 식재료를 납품하는 회사는 eaT(학교급식 전자조달 시스템)에 회사의 주요 정보를 입력하고 증빙서류를 스캔해 등록한 후 서류 심사를 요청해야 한다. 그러면 담당자가 eaT에 입력된 납품

회사의 정보와 증빙서류의 내용이 일치하는지를 확인하고 승인 또는 반려 처리를 한다.

이 업무를 자동화하면 RPA가 우선 서류 심사를 요청한 업체의 목록을 수집한 후 인지적 OCR 기술을 활용해 심사 대상 업체가 제출한 증빙서류에서 데이터를 읽는다. 차량등록증과 차량의 소독필증 등의 이미지에서 차량번호, 검사 유효기간, 소독 일자 등과 같은 여러 데이터를 추출하고 eaT 시스템에 입력된 데이터와 비교한 후 결과를 담당자가 확인할 수 있는 형태로 가공해 전달한다. 담당자는 RPA가 정리한 결과 중 불일치 내용만 확인하고 처리한다.

최근에는 AI의 텍스트 마이닝(Text Mining)을 이용해 다양한 형태의 텍스트를 분류하거나, 특정 주제와 관련된 내용을 추출하는 업무에 적용하기도 한다.

글로벌 클라우드 서비스인 AWS(Amazon Web Service, 아마존 웹 서비스)는 자사의 텍스트 마이닝 서비스를 적용해 고객의 불만 사항(VOC)을 분류하는 사례를 발표했다. 고객이 회사의 서비스를 이용한 후 여러 가지 방식으로 작성한 후기를 분석하는 것이다. 고객은 회사의 홈페이지에 불만 사항을 등록하거나 이용한 제품에 대한 후기를 남긴다. 때때로 특정한 요청 내용이 담긴 문서를 보내기도 한다. 고객이 직접 작성한 내용은 특정한 양식이 없고 표현 방식도 매우 불규칙하다.

RPA 로봇은 고객이 작성한 다양한 내용을 수집해서 텍스트 마이닝 기술을 이용해 데이터를 추출하고 유형별로 분류한다. 분류된 내용에 따라 계정 취소, 주소 변경과 같이 RPA 프로세스 업무는 직접 처리하고, 요금 청구와 같이 복합적인 내용은 담당자에게 전달한다.

이외에도 필요한 AI 모델을 만들어서 RPA에 적용하는 형태로 자동화할 수도 있다. 다만 AI 기술을 사용하려면 추가 비용이 발생하기 때문에 비용 대비 활용도가 아직은 낮다. 하지만 회사 업무에 AI 기술을 적용하는 시도는 다양하게 일어나고 있으므로 효과가 검증되면 적극적으로 활용될 것으로 기대된다.

IT 시스템 구축 시 로봇을 참여

회사의 IT 시스템을 개발하는 과정에 RPA를 포함할 수도 있다. 예를 들어 회사의 인사 시스템을 새롭게 구축할 때 기획 단계에서 RPA 로봇의 역할을 전제로 시작하는 것이다. 사람이 해야 하는 업무에 RPA 로봇의 역할을 배정하거나 다른 시스템과 연계하는 방식으로 RPA 로봇을 활용한다.

RPA 로봇이 다른 IT 시스템 영역에서 역할을 수행하면서 시스템의 구성원으로 포함되는 형태이다. 그러므로 COE는 회사의 IT 조직과 긴밀하게 의사소통을 해서 새로운 시스템을 구축할 때 RPA 로봇이 참여할 수 있도록 한다.

E2E 자동화(End2End Automation)

RPA 로봇이 디지털 직원이 되는 완전 자동화의 전 단계로 E2E 자동화를 시도할 수 있다. 하나의 긴 업무 프로세스 안에서 RPA 로봇과 사람이 각각의 역할을 가지고 프로세스 단계를 처리하는 형태이다.

전체 업무에서 로봇이 수행하는 단계를 RPA로 구축할 때 AI 기술과 결합할 수도 있고, 다른 IT 시스템에 포함된 로봇이 작동할 수도 있다. RPA 프로세스와 사람의 승인 또는 확인 단계를 결합해 하나의 업무 프로세스를 이루는 것이다.

RPA의 내재화를 진행한다

회사의 RPA 내재화를 주기적으로 체크

RPA는 회사의 일하는 방식으로 자리 잡아야 하는 문화라고 정의했다. RPA를 도입하는 회사는 RPA를 내재화하는 전략이 필요하다.

RPA를 시작한 회사는 가장 기본적으로 RPA가 무엇인지, 어떻게 업무에 활용하는지를 소개하는 행사를 진행하고, 자동화 대상 업무를 도출하기 위한 과정에서 직원들과 RPA를 주제로 의사소통을 했을 것이다. 이러한 내재화를 위한 활동은 이후에도 계속되어야 한다.

일회성 이벤트만으로는 사람이 자신의 업무에 RPA를 적용하는 방식이 자리 잡을 수 없다. 또 회사의 일하는 방식으로 자동화를 활용하고자 한다면 모든 구성원이 RPA가 무엇인지 알아야 한다. 이 과정은 한 번에 이루어지지 않기 때문에 정기적으로 진행되어야 한다.

RPA를 확장하고자 할 때 COE는 회사의 RPA 내재화 상태를 파악해야 한다. 현재까지 경험한 RPA에 대한 만족도를 확인하는 것이 효과적 방법일 수 있다.

　업무 담당자를 대상으로 하는 설문조사는 RPA 프로세스 실사용자의 의견을 들을 수 있다는 점에서 의미가 크다. 설문조사를 통해 RPA의 긍정적인 부분과 함께 부정적인 부분을 확인하는 것도 필요하다. RPA를 도입하는 과정에서 업무 담당자가 느꼈던 불편한 사항을 확인하는 것이다. 자동화 효과를 느끼지 못했다거나 RPA를 적용했더니 오히려 일이 늘어났다는 응답이 있다면 상세한 내용을 파악하고 개선해야 한다.

　RPA 내재화를 위한 여러 가지 활동을 주기적으로 체크해 RPA에 대한 인식을 정확하게 파악하는 것이 중요하다.

RPA 개인화 방향 확인

　RPA 영역이 넓어지면 자연스럽게 RPA를 업무에 활용하는 직원이 많아진다. 그렇게 되면 COE의 역할도 많아지므로 RPA의 모든 것을 COE가 담당하는 것은 불합리할 수 있다.

　COE는 회사의 RPA를 내재화하는 방안을 준비하면서 직원이 직접 RPA를 담당하는 범위를 정하고 COE와 개인의 RPA 역할을 정의하는 것이 효율적이다. 회사의 자동화 영역 중 일부분을 개인의 역할로 나누는 것이다. 이러한 과정을 RPA 개인화라고 한다.

　RPA 개인화는 RPA 내재화와 밀접한 관련이 있다. RPA 내재화에 대한 방침이 개인의 업무에 RPA를 얼마만큼 활용하는가에 있다면, RPA 개인화는 개인이 RPA 프로세스를 쉽게 활용할 수 있는 형태로 진행되어야 한다.

RPA 내재화에 대한 방침이 개인이 RPA를 직접 개발해 사용하는 것이라면, RPA 개인화는 직원이 RPA를 개발할 수 있는 교육을 중심으로 진행되어야 한다. 정기적인 교육과정을 개설하고, 교육을 이수한 직원이 RPA를 얼마나 활용했는지 확인한다.

RPA 프로세스 라이프사이클과
RPA 지식 자산을 관리한다

RPA 프로세스 라이프사이클

RPA는 자동화 영역을 점차 확대하는 여정이라고 했다. 이 여정을 지나면서 RPA 프로세스는 점점 늘어난다.

자동화를 적용할 업무를 선별하고 프로세스를 분석−설계−개발하고 운영하는 과정에서 각 단계를 수행하는 역할을 구분한다. 분석가는 자동화 대상 업무를 수집하고 RPA 적용 업무를 선별해서 분석한다. 설계자는 선정된 업무의 분석 결과를 토대로 RPA 프로세스를 설계한다. 개발자는 설계서대로 RPA를 개발해 운영자에게 프로세스를 이관한다.

RPA 운영자는 이관받은 프로세스를 모니터링하고 평가해 정기적으로 보고한다. 그리고 RPA 프로세스의 유효성을 평가해 관련자들과 업무 조정 협의를 거쳐 프로세스를 고도화할 것인지 폐기할 것인지를 결정한다.

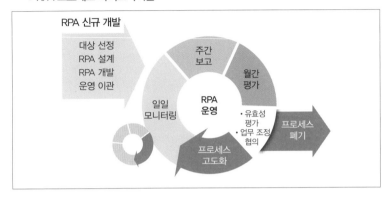

이 과정에서 수집되고 작성되는 자료를 관리해 회사의 RPA 지식 자산으로 만들어야 한다. 그러기 위해 대상 업무를 수집하는 초기부터 RPA 프로세스가 폐기되는 전체 라이프사이클 과정을 정의하고 각 과정마다 담당자가 필요한 데이터를 확인할 수 있는 관리 도구가 필요하다. 회사에 쌓여 있는 RPA에 관한 모든 지식 자산을 관리할 수 있는 시스템을 구축하는 것도 좋은 방법이다.

RPA 지식 자산

RPA 지식 자산(RPA Knowledge Pool)을 위한 시스템에서 대표적으로 관리하는 것은 RPA 프로세스다. RPA 프로세스 라이프사이클이 진행되는 단계와 각 담당자, 수집된 자료를 관리한다. 그 외에도 이 시스템에서 추가로 관리할 수 있는 것이 여러 가지 있다.

공용 라이브러리

RPA 프로세스에 공통으로 포함되는 작은 부분은 미리 RPA 모듈로 만들 수 있는데 이것을 RPA 라이브러리라고 한다. 공용으로 사용되는 RPA 라이브러리 목록과 용도, 사용 방법을 함께 관리하면 RPA를 개발하기가 쉬워진다. 특히 RPA 개인화의 일환으로 직원이 직접 RPA를 개발할 경우에 활용도가 높아질 것이다.

RPA 개인 작업 관리

RPA 로봇의 활용도를 높이는 방법으로 직원이 직접 RPA 프로세스를 실행할 수 있는 기능이다. 일반 사용자가 RPA 로봇의 프로세스를 직접 실행하고 결과를 쉽게 확인하는 기능이 있다면 개인이 RPA를 쉽게 활용할 수 있다.

RPA 성과 관리

RPA의 성과를 평가하기 위한 KPI를 확인한다. 권한을 가진 사람은 누구나 KPI를 확인하고 RPA의 성과를 조직 내에서 공유하는 것이 좋다.

RPA 운영 관리

RPA 운영을 위한 지표의 대시보드를 한곳에서 확인하면 RPA 운영자가 RPA 모니터링에 사용할 수 있다. 주간, 월간 운영 보고서를 별도로 작성할 필요 없이 대시보드에서 항상 확인 가능하다.

RPA 교육 관리

RPA 내재화를 위해 다양한 RPA 교육을 진행할 때 교육 정보를 한곳에서 확인하는 것이 좋다. 정기 교육과 부정기 교육, 특별 행사 등 모든 RPA 교육 내용과 참가자를 관리한다.

지금까지 RPA를 수행하는 절차와 확장할 때 고려해야 할 사항을 자세히 살펴보았다. RPA는 빠르게 발전하고 있는 분야이므로 앞으로 여기에서 언급하지 않은 내용이 더 필요할 수도 있다. 또 상황에 맞지 않는 불필요한 내용도 있을 것이다. 중요한 것은 RPA를 왜 적용해야 하며, 무엇이 필요하고, 어떻게 할 것인가를 고민하면서 RPA 로봇과 같이 일하는 방법을 모색하는 것이다.

부록

RPA
프로그램 소개

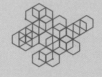

유아이패스 알아보기

세계 RPA 시장점유율 1위 유아이패스

유아이패스(UiPath)는 RPA 관련 제품만을 전문으로 제공하는 글로벌 회사로 세계 RPA 시장점유율 1위 제품이다. 그만큼 RPA 관련 기술도 선도하고 있다. 홈페이지(www.uipath.com)에는 유아이패스 솔루션을 소개하는 내용과 더불어 RPA의 최신 동향이나 보고서 등의 자료도 확인할 수 있어 유아이패스를 사용하지 않아도 RPA에 관심이 있다면 종종 방문해도 좋다. 유아이패스 사용자와 개발자들의 커뮤니티인 포럼(forum.uipath.com) 또한 매우 활성화되어 있어 필요한 자료나 질문에 대한 답을 구하기도 쉽다.

유아이패스 시작하기

유아이패스 제품을 시작하려면 먼저 홈페이지로 들어가 무료 계

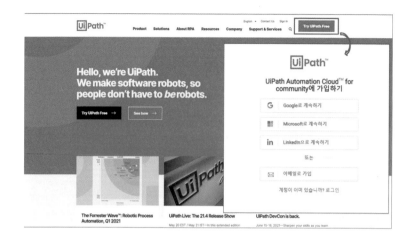

정에 가입해야 한다. 가입 절차는 간단하다. 유아이패스 홈페이지
에서 'Try UiPath Free'를 클릭하면 유아이패스 클라우드 서비스를
이용할 수 있는 무료 계정 가입이 가능하다.

유아이패스 클라우드 서비스는 RPA를 사용할 수 있는 온라
인 환경이다. 로그인 계정마다 RPA 관리 서버인 오케스트레이터
(Orchestrator)와 서버에 연결할 수 있는 스튜디오(Studio, RPA 개발
도구) 2대, 로봇 2대의 라이선스를 무료로 제공하므로 마음대로 자
동화 업무에 사용할 수 있다. 화면 안내에 따라 유아이패스 클라우
드 계정을 만든다.

계정을 만들고 로그인을 하면 유아이패스 클라우드 홈페이지가
나온다. 클라우드 홈페이지에서는 개발 도구인 스튜디오와 함께
RPA 관리 서버인 오케스트레이터, 로봇과 사람 간의 연결을 도와주
는 액션센터(Action Center), 앱스(Apps)를 한 번에 관리할 수 있다.
여러 가지 제품을 확인할 수 있지만 여기에서 필요한 것은 오케스트

레이터와 스튜디오, 2가지다.

RPA 서버 오케스트레이터

나의 계정에 생성된 RPA 서버인 오케스트레이터에 접속하려면
클라우드 홈페이지의 'DefaultTenant'(①)를 클릭한다.

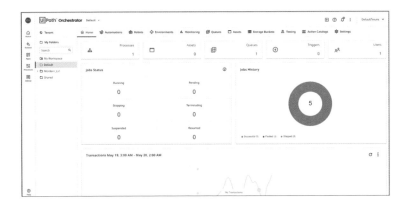

이제 내 계정에 관리 서버인 오케스트레이터가 생성되었다. 오케
스트레이터는 로봇과 프로세스를 실행하고 관리하는 RPA 서버다.
나만의 관리 서버가 생성되면 스튜디오를 사용할 수 있다.

오케스트레이터는 다양한 자원을 제공해 프로세스 수행을 지원한다. 자세한 내용은 유아이패스 아카데미 오케스트레이터(UiPath Academy Orchestrator) 교육을 참고하면 된다.

개발 도구 스튜디오 설치하기

나만의 관리 서버(오케스트레이터)를 만들었다면 개발 도구인 스튜디오를 설치할 차례다.

유아이패스 클라우드 홈페이지에서 'Download UiPath Studio'(②)를 클릭해 설치 파일을 다운로드한다.

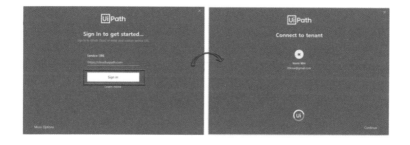

UiPathStudioSetup.exe를 실행하면 스튜디오 첫 번째 화면 'Sign In to get started…'가 나타난다. 이것은 오케스트레이터에

스튜디오를 연결하기 위한 로그인 화면으로 작업 내용을 관리할 수 있다. 'Sign In'을 클릭하고 유아이패스 계정 정보를 입력하면 'Connect to Tenant' 메시지가 나타나면서 오케스트레이터와 연결된다.

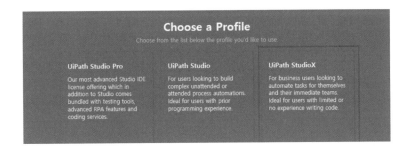

오케스트레이터와 연결되면 스튜디오의 3가지 유형인 유아이패스 스튜디오 프로(UiPath Studio Pro)와 유아이패스 스튜디오(UiPath Studio), 유아이패스 스튜디오X(UiPath StudioX) 중 어느 것을 설치할 것인지 묻는 창이 나타난다. 유아이패스는 개발 도구를 3가지 유형으로 제공해 사용자가 자신의 수준에 맞는 것을 선택해 사용할 수 있다.

유아이패스 스튜디오는 로봇이 실행하는 프로세스를 구축할 때 사용하는 것으로 프로그래밍 경험이 있는 사용자에게 권장된다. 유아이패스 스튜디오 프로는 스튜디오 기능 외에 테스트 도구와 추가 서비스를 이용할 수 있는 라이선스를 구매하는 것으로 이것 역시 프로그래밍 경험이 있는 사용자에게 권장된다. 유아이패스 스튜디오X는 자신의 작업을 직접 자동화하려는 업무 담당자를 위한 것으로 프로그래밍 경험이 적거나 없는 사용자에게 적합하다.

여기에서는 유아이패스 스튜디오X를 이용해 간단하게 개발을 경험할 것이다. 유아이패스 스튜디오X가 설치되는 동안 시간이 걸릴 수 있으므로 여유 있게 기다린다.

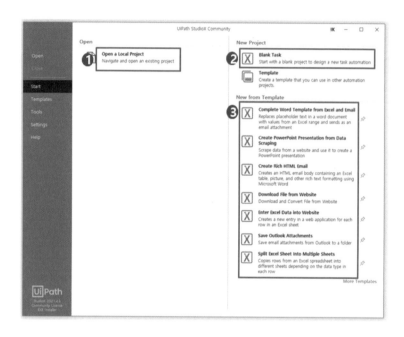

설치가 끝나면 처음 실행 화면이 나타난다. 유아이패스 스튜디오X로 개발한 스크립트 소스를 프로젝트라고 하는데, 프로젝트를 시작하는 방법은 3가지다. 'Open a Local Project'(①)는 이미 프로젝트 소스가 있을 때 선택한다. 'Blank Task'(②)는 새로운 프로젝트를 개발할 때 선택한다. 'New from Template'(③)는 유아이패스 스튜디오X에서 제공하는 업무 유형의 템플릿을 이용하는 것이다. 템플

릿 이름을 보면 어떤 유형인지 확인할 수 있으므로 원하는 유형이 있다면 템플릿을 선택해 빠르게 시작한다.

스튜디오X를 이용해 데모 프로세스 개발하기

스튜디오X를 설치했으면 이제 간단한 시나리오를 직접 개발해 보자.

데모 프로세스: 특정 웹사이트 내용을 파일로 저장한다.

특정 웹사이트 URL: UiPath StudioX Guide(https://docs.uipath.com/ studiox/docs/introduction)

저장할 파일 위치: c:₩temp₩ 웹데이터 스크래핑 테스트.txt

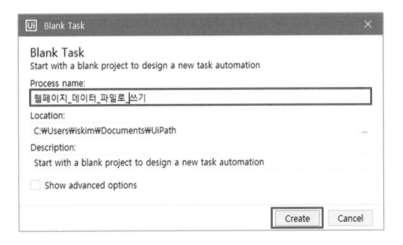

'Blank Task'를 클릭해 빈 프로젝트를 만들고 새로 만드는 프로 젝트 이름을 입력한다. 시나리오에 맞게 '웹페이지_데이터_파일로_

쓰기'라고 입력한다. 이때 주의할 점은 띄어쓰기를 하면 안 되기 때문에 언더바(_)로 구분해 가독성을 높이는 것이다.

이름을 다 적고 'Create'를 클릭하면 그림과 같이 새로운 프로젝트를 만들 수 있는 빈 화면이 뜬다. 좌측 메뉴는 스튜디오X에서 사용할 수 있는 액티비티(Activity) 목록이다(①). 목록 중 하나를 선택해 더블클릭하거나 드래그앤드롭으로 가운데에 옮기면, 'Main' 부분에 선택한 액티비티가 추가된다(②). 우측에는 내가 선택한 각 액티비티의 속성이 나타난다(③).

새로운 프로젝트 '웹페이지_데이터_파일로_쓰기'는 특정한 웹사이트 URL을 열어서 그 화면에 있는 데이터를 내컴퓨터에 파일로 저장하는 것이 목적이다. 이것을 RPA로 개발하기 위해서 다음과 같은 단계로 구분해볼 수 있다. 여기서 웹브라우저는 크롬을 사용할 것이다. 다른 웹브라우저를 사용해도 된다.

> 크롬 브라우저를 이용해 원하는 URL로 이동 → 웹 화면에 있는 데이
> 터 추출 → 크롬 브라우저 닫기 → 내컴퓨터에 파일 저장

위와 같은 4단계로 내용을 구분해 각 단계에 맞는 스튜디오X의
액티비티를 사용할 것이다. 위 내용을 다음의 5가지 과정으로 개발
한다.

1. 원하는 웹 화면 열기
스튜디오X에서 개발을 시작하기 전에 먼저 데이터를 스크랩할
웹페이지를 미리 열어놓는 것이 편리하다. 크롬에서 웹페이지를 띄
워놓는다.

데모 시나리오대로 스튜디오X의 사용 설명서 페이지 화면의 내용을 추출할 것이다.

2. 스튜디오X에서 'Use Application/Browser' 액티비티 선택

원하는 웹페이지를 열고 스튜디오X를 이용해 개발을 시작하자.

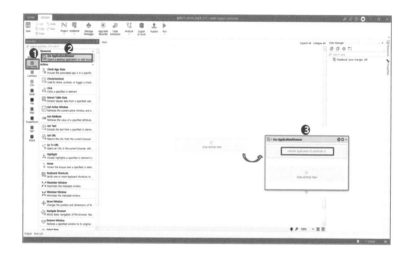

맨 먼저 좌측 메뉴의 카테고리 'App/Web'을 클릭한다(①). 이 카테고리는 웹페이지나 컴퓨터에 있는 여러 프로그램과 관련된 액티비티만 모아놓은 것이다. 여기서 사용할 것은 웹페이지를 여는 기능으로 이와 관련된 액티비티 'Use Application/Browser'를 찾아서 더블클릭한다(②).

그러면 비어 있던 가운데 메인 부분에 선택한 액티비티가 추가된다. 추가된 'Use Application/Browser'의 가운데 파란색 글씨 부분

(Indicate application to automate (1))을 클릭한다(③). 다시 강조하지만 주의할 점은 크롬으로 웹페이지를 먼저 열고, 그다음 스튜디오X에서 위 영역을 클릭하는 것이다. 순서를 잘 지키자.

이제 스튜디오X는 최소화되고 먼저 열어놓은 크롬 웹 화면이 나타나면서 붉은색으로 영역이 표시된다. 이것은 스튜디오X에서 해당 웹페이지를 인식하겠다는 표시다. 이 상태에서 마우스를 클릭한다.

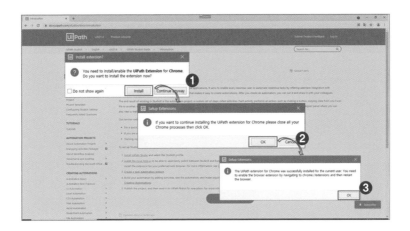

스튜디오X를 처음 실행하면 크롬을 사용하기 위한 확장 프로그램(extension)을 설치하라는 팝업창이 나타난다(이 메시지가 나타나지 않는다면 이 과정은 진행하지 않아도 된다). 'Install'을 클릭하면(①) '기존에 열어놓았던 크롬 브라우저를 닫아야 한다'는 안내 창이 나타난다. 크롬을 닫은 후 'OK'를 클릭한다(②). 설치가 완료되면 '크롬의 확장 프로그램 관리 화면에서 사용으로 설정해야 한다'는 안내 창이 나타나는데 마찬가지로 'OK'를 클릭한다(③).

안내에 따라 크롬의 확장 프로그램 화면으로 이동하기 위해 그림
과 같이 크롬 메뉴의 도구 '더보기>확장 프로그램'을 선택한다. 크롬
에 설치된 확장 프로그램 중에 'UiPath Web Automation'을 선택해
사용으로 설정한다.

이제 크롬을 다시 열어서 데이터를 스크랩할 URL로 이동한다.
먼저 웹 화면을 열어야 스튜디오X에서 개발하기 편리하다.

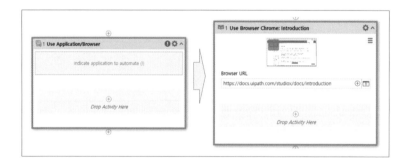

스튜디오X로 다시 돌아와서 메인 영역의 'Use Application/
Browser' 액티비티가 'Use Browser Chrome:Introduction' 액티
비티로 변하면서 URL에 값이 등록된 것을 확인한다. 크롬 브라우

저로 해당 URL을 띄우겠다는 의미다.

3. 스튜디오X에서 'Get Text' 액티비티 선택

원하는 웹페이지를 열고 데이터를 스크랩한다. 이때 사용하는 액
티비티는 'Get Text'이다.

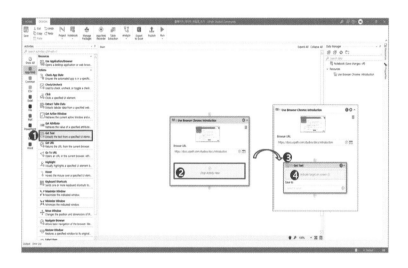

좌측 액티비티 목록에서 'Get Text'를 더블클릭하거나(①) 메인
영역의 'Drop Activity Here'(②) 위치로 드래그앤드롭을 하면 'Get
Text'가 위치하게 된다(③). 데이터를 스크랩할 웹브라우저가 열려
있는지 확인하고, 크롬의 확장 프로그램을 설치하면서 닫혔다면 해
당 URL을 다시 열어놓는다. 그리고 스튜디오X에서 'Get Text' 액티
비티의 회색 영역 'Indicate target on screen (1)'을 클릭한다(④).

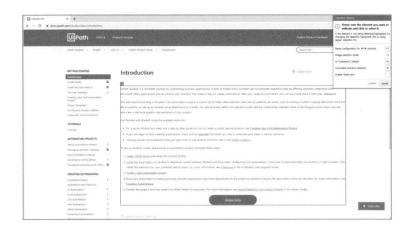

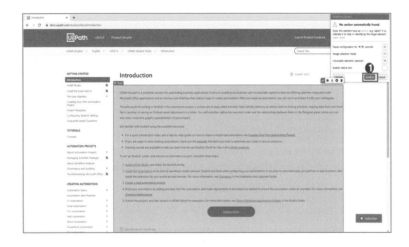

　　그러면 스튜디오X는 최소화되고 미리 열어놓은 크롬 웹 화면에
녹색 표시가 마우스의 움직임에 따라 같이 움직인다. 이 녹색 표시
는 데이터를 추출할 영역을 의미한다. 원하는 영역에 녹색 표시가
되면 그 상태로 마우스를 클릭한다.

데이터를 추출하고자 하는 영역에 마우스를 놓고 클릭하면 전체가 녹색이 되면서 데이터를 추출한다는 표시가 나타난다. 그림에서는 우측 상단에 있는 'Selection Options'의 'Confirm'을 클릭한다(①).

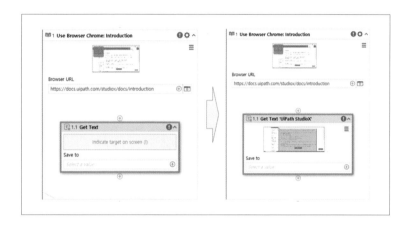

'Confirm'을 클릭하면 크롬은 최소화되고 스튜디오X가 다시 활성화되면서 'Get Text' 액티비티가 위 그림의 우측처럼 변한다. 앞에서 선택한 영역의 데이터를 가져올 준비가 되었다. 이제 데이터를 저장할 변수를 지정할 차례다.

'+' 표시를 클릭하면(①) 작은 메뉴 창이 나타나는데 여기서 'Copy to clipboard'를 선택한다(②). 이것은 스크랩한 데이터를 클립보드에 복사한다는 의미다. ctrl+c와 같은 동작이다. 다음 단계는 데이터를 붙여넣는 ctrl+v를 하는 것이다.

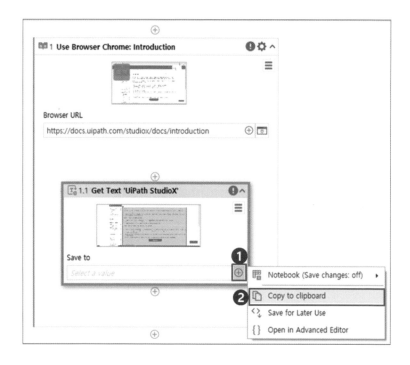

4. 스튜디오X에서 'Navigate Browser' 액티비티 선택

지금까지 원하는 웹 화면을 열어서 화면의 데이터를 추출한 후 클립보드에 복사하는 작업을 했다. 다음 단계인 복사한 데이터를 파일에 쓰기 전에 사용한 웹브라우저를 닫는 것이 좋다. 프로그램을 더 이상 사용하지 않을 때는 닫는 것이 RPA 개발의 원칙이다.

액티비티 목록에서 'Navigate Browser'를 'Get Text' 액티비티 아래에 드래그앤 드롭을 한다(①). 메인 영역에 'Navigate Browser' 액티비티가 위치하면 '+'를 클릭한 후(②) Action을 'Close Tab'으로 변경한다(③). 이것은 웹브라우저를 닫는다는 의미다.

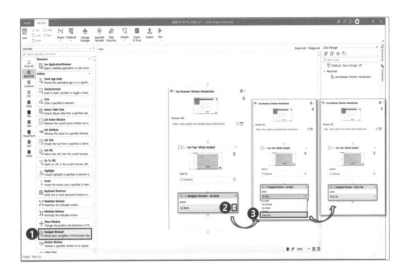

5. 스튜디오X에서 'Write Text File' 액티비티 선택

웹브라우저를 사용하는 과정은 모두 끝났다. 이제 앞에서 클립보드에 복사한 데이터를 파일에 쓰는 마지막 과정이다. 이때 사용하

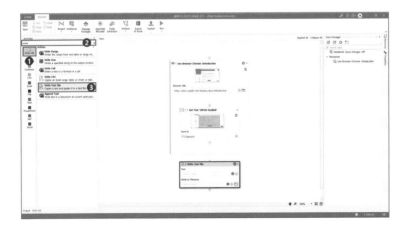

는 것은 'Write Text File' 액티비티다.

좌측 카테고리 메뉴에서 'Show All'을 클릭하고(①) 검색창에서 'write'를 검색한다(②). 'write'가 포함된 액티비티만 검색되는데 그 중에서 'Write Text File'을 메인 영역의 맨 아래에 드래그앤 드롭을 한다(③).

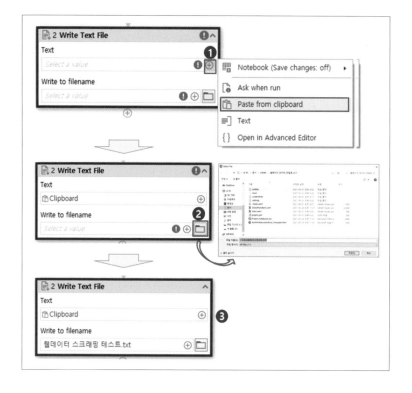

클립보드에 복사한 데이터를 파일에 쓰는 첫 번째 단계로 Text의 '+' 표시를 클릭해(①) 'Paste from clipboard'를 선택한다. 이것이 ctrl+v와 같다. 두 번째 단계는 탐색기 표시를 클릭해(②) 파일 경로

와 파일 이름을 입력하는 것이다. 이때 어디에 저장하는지 기억해야 실행 결과를 확인할 수 있다. 'c:\temp\웹데이터 스크래핑 테스트.txt'를 바로 입력해도 된다. 입력되었는지 확인한다(③).

파일 저장까지 하면 스튜디오X를 이용한 개발은 끝났다. 다음으로 개발한 내용을 실행해보자.

6. 스튜디오X에서 프로젝트 실행

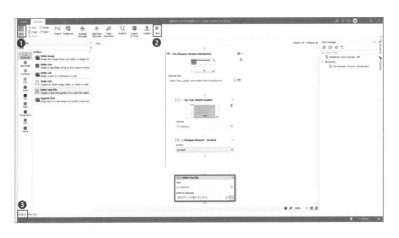

프로젝트를 모두 만들었으면 우선 안전을 위해 'Save' 버튼을 클릭해 개발한 내용을 저장한다(①). 그리고 실행하기 전에 개발하는 동안 열어놓았던 크롬 브라우저를 모두 닫는다. 'Run'을 클릭하면 프로젝트가 실행된다(②). 이때 스튜디오X는 최소화되고 크롬 브라우저를 이용해 데이터를 읽을 페이지가 열렸다 닫힌다. 그리고 나서 스튜디오X가 다시 활성화되면 모든 실행이 끝난 것이다. 화면의 좌측 하단 'Output' 탭을 클릭하면(③) 실행 로그가 나타난다. 정상

적으로 종료되었으면 'c:\temp\웹데이터 스크래핑 테스트.txt' 파일이 생성되었는지 확인한다.

간단한 데모 프로세스를 만들어서 실행하는 것까지 진행했다. 다음에 소개할 교육과정을 참고해 RPA의 다양한 기능을 확인해보자.

유아이패스 교육 알아보기

유아이패스 아카데미 홈페이지(academy.uipath.com/landing)에서 다양한 교육과정을 제공한다. 아카데미를 이용하려면 클라우드 서비스 계정으로 로그인하면 된다. 아카데미 홈페이지에서 'Start Here'를 클릭하면 아카데미 과정이 시작된다.

처음에는 초보자를 위한 교육과정이 추천 목록에 나타난다. 첫 번째는 RPA가 무엇인지 소개하는 과정이다. 두 번째 과정은 유아이패스 솔루션(UiPath Enterprise Platform)을 소개한다. 앞에서 간단하게 언급했던 유아이패스 솔루션 전체에 대해 상세한 가이드를 확인할 수 있다. 세 번째 과정은 실제 자동화를 구축해보는 것이다. 수준

에 맞는 다양한 교육과정이 있으니 RPA에 관심이 있다면 아카데미를 이수하는 것을 추천한다.

에이웍스 알아보기

포스코ICT의 디지털 트랜스포메이션

에이웍스는 포스코ICT의 디지털 트랜스포메이션의 노하우를 모은 결정체다. RPA 제품으로는 조금 늦게 시작했지만 다양한 RPA 사용 경험을 토대로 장점만을 모았으며, 직접 회사에 적용하면서 많은 노하우를 보유하고 있다.

에이웍스는 RPA 서버인 워크센터(WorkCenter)와 로봇의 프로세스 실행을 관리하는 미니(MINI) 그리고 개발 도구인 스튜디오(Studio)로 구성되어 있다. 서버는 클라우드(Cloud)와 온프레미스(On-Premise) 2가지 형태 중에서 선택할 수 있다. 무료 사용이 가능한 것은 개발 도구인 스튜디오와 단독 실행형 로봇이다.

에이웍스의 개발 도구인 스튜디오를 이용해 간단한 데모 프로세스를 직접 개발하고, 새로 만든 프로세스를 로봇 프로세스 관리 도구인 미니에 등록해 실행하는 것까지 확인해보자.

에이웍스 스튜디오 설치하기

에이웍스를 사용하려면 먼저 개발 도구인 스튜디오와 로봇 관리를 위한 미니의 설치 파일을 확보해야 한다. 에이웍스 홈페이지의 'Contact Us'에서 신청하면 빠르게 회신이 올 것이다. 설치 파일과 실행할 수 있는 라이선스 2가지를 확인해야 한다.

스튜디오와 미니 프로그램을 설치해보자. 먼저 스튜디오의 설치 파일을 실행해 기본 옵션 그대로 '다음' 버튼을 클릭하고 실행한다. 설치 파일명은 StudioInstaller로 시작하는 exe 파일이다. 버전에 따라 이름이 다르므로 'Contact Us'에서 안내받은 내용을 참고한다.

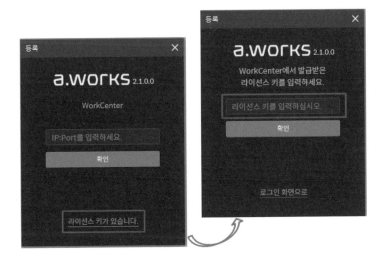

스튜디오를 설치하고 처음 실행하면 인증 창이 나타난다. 기본은 서버인 워크센터와 연결하는 화면이지만, 무료 버전은 라이선스 키

를 이용하므로 '라이선스 키가 있습니다'를 클릭한 후 라이선스 키를 입력한다. 최초 한 번만 등록하면 저장되므로 이후에는 입력하지 않아도 된다. 라이선스 키는 에이웍스 무료 교육을 수강하거나 'Contact Us'를 통해서 받을 수 있다.

스튜디오를 이용해 데모 프로세스 개발하기

스튜디오를 설치했으면 이제 간단한 프로세스를 직접 개발해보자.

데모 프로세스: 하나의 엑셀 파일을 작성하고, 그것을 복사한 파일을 만든다.

스튜디오를 실행하면 아래와 같은 화면이 나온다. 새로운 프로세

스를 만들 때는 '새 프로세스'를 클릭한다(①). 템플릿은 스튜디오에서 개발하는 사용 예제를 포함하고 있어, 알맞은 유형을 선택하면 미리 작성된 스크립트를 이용할 수 있어 편리하다. 여기에서는 엑셀 파일을 만들고 복사하는 업무를 개발할 것이므로 템플릿 중에서 'Basic_Excel'을 선택한다(②).

'Basic_Excel'을 선택하면 프로세스 이름을 입력하는 창이 뜬다. 템플릿을 이용하거나 새 프로세스를 만들 때는 프로세스 이름을 입력해야 한다. 공백 없이 영문자와 숫자로 구성한 이름을 입력한다.

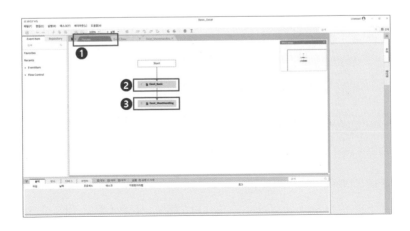

여기서는 템플릿과 동일한 'Basic_Excel'을 입력한다.

새로운 'Basic_Excel' 프로세스가 만들어졌다. 일반적으로 스튜디오는 프로세스(Process)와 태스크(Task) 2가지 유형의 스크립트가 있는데, 프로세스는 RPA를 실행하는 기본 스크립트이다. 나머지는 태스크 유형으로 개발하고 프로세스에서 이러한 태스크를 호출해 실행하는 방식이다.

'Basic_Excel' 프로세스는 템플릿을 이용하기 때문에 프로세스에서(①) Excel_Basic(②), Excel_SheetHandling(③) 2개의 태스크를 호출하고 있다.

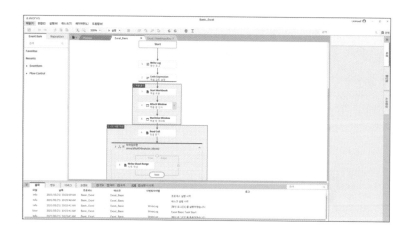

프로세스에서 'Excel_Basic'을 더블클릭하면 'Excel_Basic'으로 이동한다. 이것을 태스크(Task)라고 한다. RPA가 실제 처리하는 내용을 개발하는 곳이다. 우리는 템플릿을 이용해 에이웍스의 작동을 테스트하는 것이 목적이므로 스크립트를 수정하지 않고 내용만 확

인한다. 이 태스크는 'Basic.xlsx'라는 엑셀 파일을 만들고 그것을
복사해 'CopyExcel.xlsx'를 만드는 내용이다.

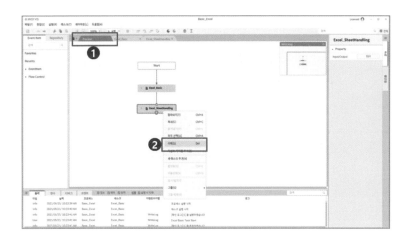

스튜디오 위쪽의 탭(①번 빨간 박스 부분)을 클릭하면 프로세스와
태스크를 선택해 내용을 확인할 수 있다. 태스크 'Excel_Basic'의 내
용을 확인했다면 'Process' 탭을 클릭해 처음의 프로세스로 돌아온
다(①). 데모 시나리오의 내용인 엑셀 파일을 만들고 복사하는 것은
'Excel_Basic' 태스크에 모두 있으므로 'Excel_Basic' 태스크를 남
기고 두 번째 태스크인 'Excel_SheetHandling'을 지운다. 'Excel_
SheetHandling'을 클릭한 후 '삭제' 버튼을 클릭하거나 우측 마우스
메뉴에서 '삭제'를 선택한다(②).

스튜디오에서 스크립트 개발이 끝났으면 프로세스를 실행해 결
과를 확인한다. 스튜디오에서 프로세스를 실행하는 방식은 4가지
가 있다.

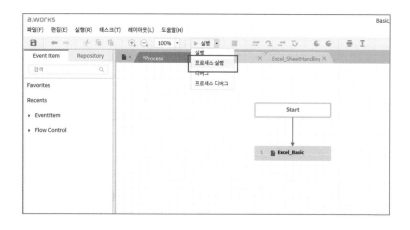

- 실행: 선택한 태스크 하나만 실행
- 프로세스 실행: 프로세스 전체 실행
- 디버그: 선택한 태스크 하나만 디버그 모드로 실행. 디버그 모드는 스크립트를 한 단계씩 실행해 잘못된 부분을 확인하는 방법이다.
- 프로세스 디버그: 프로세스 전체를 디버그 모드로 실행

여기서는 프로세스 실행을 선택해 새로 만든 'Basic_Excel' 프로세스를 실행한다.

여기까지 잘 진행되었다면 스튜디오가 정상적으로 실행되면서

하단 '출력' 탭에 프로세스 실행 이력을 보여준다. 출력 탭은 프로세스가 실행되는 과정의 기록이다. 오류가 있다면 오류 내용을 포함한다. 이를 프로세스 실행 로그라고 부르는데, '프로세스 실행 시작'으로 시작하고 '프로세스 실행 종료'로 끝난다.

엑셀이 켜졌다가 사라지면서 프로세스 실행이 종료되었다면 그 결과물인 엑셀 파일이 생성되었는지 확인한다. '내문서₩aworks₩RPAXmlData₩Basic_Excel₩.Resource' 폴더에 2개의 엑셀 파일 'Basic.xlsx'와 'CopyExcel.xlsx'가 생성되면 성공이다.

이제 데모 프로세스 개발이 끝났으므로 다음 단계인 프로세스를 로봇에서 실행해보자.

스튜디오에서 개발된 프로세스를 로봇에서 실행할 수 있는 형태로 만들어야 한다. 이를 위해서 스튜디오의 메뉴 '파일〉프로세스 내보내기'를 클릭하면 팝업 창이 나타난다. 프로세스 이름은 스튜디오에서 처음 생성할 때 지정한 것이다. 저장 경로를 지정하고 '내보내기'를 클릭하면 '프로세스 내보내기 성공' 알림 메시지가 뜬다.

프로세스 내보내기의 기본 저장 경로 '내문서₩aworks₩Export₩Process' 폴더에서 'Basic_Excel.zip' 파일을 확인한다.

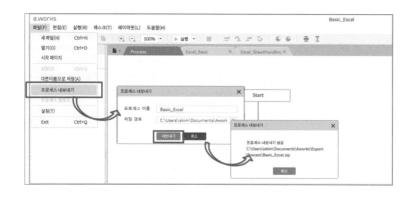

에이웍스 미니 설치하기

로봇에서 프로세스를 실행하기 위해서는 미니를 설치해야 한다. 스튜디오와 마찬가지로 설치 파일을 실행해 기본 옵션 그대로 '다음' 버튼을 클릭하고 실행한다. 설치 파일명은 MiniInstaller로 시작하는 exe 파일이다.

설치한 미니를 처음 실행하면 스튜디오와 동일하게 인증 창이 나타난다. 기본은 서버인 워크센터와 연결하는 화면이다. '라이선스 키가 있습니다'를 클릭한 후 스튜디오에서 인증한 라이선스 키를 입력한다. '라이선스 키 저장'을 체크하면 최초 한 번만 등록하고 이후에는 입력하지 않아도 된다. 라이선스 키는 에이웍스 무료 교육을 수강하거나 'Contact Us'를 통해서 받을 수 있다.

데모 프로세스를 미니에서 실행하기

앞에서 스튜디오를 이용해 데모 프로세스를 개발한 후 '프로세스
내보내기'를 이용해 '내문서₩aworks₩Export₩Process₩Basic_
Excel.zip' 파일이 생성된 것을 확인했다. 이제 프로세스를 미니에
등록해 로봇을 실행해보자.

미니가 실행되면 화면 하단 '+'를 클릭한다(①). 추가로 동작 버튼
이 나타나는데 그중 [Add]를 클릭한다(②). 파일 탐색기가 나타나
면 스튜디오에서 '프로세스 내보내기' 기능을 이용해 생성된 'Basic_
Excel.zip' 파일을 선택한 후 '열기' 버튼을 클릭한다(③). 미니 창에
'Basic_Excel' 프로세스가 등록되었음을 확인한다.

미니에 등록한 'Basic_Excel' 프로세스에 마우스를 올리고 ▶를

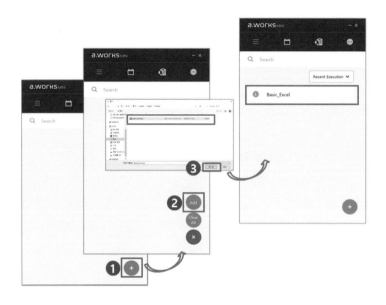

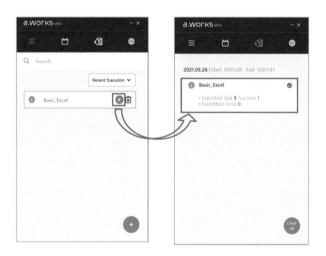

클릭하면 프로세스가 실행된다. 로봇이 프로세스 실행을 마치면 미니 창에 수행한 로그가 나타난다. 로봇의 프로세스 실행 결과가 성공인지 확인한다. 미니는 필요에 따라 여러 개의 컴퓨터에 설치할 수 있으며, 스케줄 등을 이용해 정해진 시간에 실행할 수 있다.

파워 오토메이트 알아보기

2가지 버전에서 활용 가능한 MS의 RPA

파워 오토메이트(Power Automate)는 마이크로소프트(MS)에서 만든 RPA 제품이다. MS는 조금 늦게 RPA를 시작했지만, MS의 장점인 윈도우 운영체제를 기반으로 MS오피스와 연계해 활용도가 높은 서비스를 제공한다. 특히 윈도우10 이용자에게 무료로 제공하고 있어 활용도가 높아질 것으로 예상된다.

MS의 RPA는 크게 2가지로 구분된다. 하나는 파워 오토메이트로 클라우드 환경에서 RPA 프로세스를 만들어서 즉시 실행할 수 있다. 다른 하나는 파워 오토메이트 데스크톱으로 데스크톱에 직접 설치하고 RPA 프로세스를 만들어 실행할 수 있다.

파워 오토메이트의 2가지 환경에서 각각 데모 프로세스를 만들어서 실행하고 그 결과를 확인해보자. 파워 오토메이트 홈페이지(flow.microsoft.com/ko-kr)에서 MS 계정으로 로그인한 후 무료로 사용할 수 있다.

파워 오토메이트 시작하기

홈페이지의 '무료 체험(Start free)'을 클릭해 시작한다.

로그인 창이 나타나면 정보를 입력한다. 계정이 없다면 계정을 만들고 로그인한다. 로그인하면 계정 홈페이지가 나타난다. 계정 홈의 좌측 상단 '앱 시작 관리자—모든 앱'을 클릭해 파워 오토메이

트를 찾아서 클릭한다. 이미 MS 계정이 있으면 파워 오토메이트 홈
페이지에서 직접 로그인할 수 있다.

파워 오토메이트를 이용해 데모 프로세스 개발하기

파워 오토메이트는 별도의 설치 과정 없이 클라우드에서 RPA 프
로세스를 만들 수 있다. 파워 오토메이트에서는 RPA 프로세스를 흐
름(Flow)이라고 표현한다. 이제 간단한 프로세스를 흐름으로 만들
어보자.

데모 프로세스: 1시간마다 나에게 알림 메일을 보낸다.
사전 준비: 알림을 확인할 메일 계정

파워 오토메이트 홈페이지의 좌측 메뉴에서 '템플릿'을 선택해서
나에게 맞는 데이터로 변경하면 쉽게 사용할 수 있다. 템플릿은 자
주 활용되는 업무를 유형화해 미리 만들어놓은 자동화 흐름이다.
메뉴에서 '템플릿'을 클릭한 후(①), 데모 시나리오에 맞는 템플릿을
선택하기 위해 템플릿 화면의 검색창에 '전자 메일로 일별 미리 알

림 받기'로 검색한 다음(②), 해당 템플릿을 클릭한다(③). 이 템플릿은 미리 정해둔 시간에 알림 메일을 발송하는 기능으로 만들어진 흐름이다.

'전자 메일로 일별 미리 알림 받기' 템플릿을 클릭하면 위의 그림과 같은 화면이 나타난다. 템플릿 시작 화면에서 '계속'을 클릭한다(①). 이 템플릿은 알림을 설정하고, 메일을 보내는 2개의 단계로 구성되어 있다. 첫 번째 단계인 'every day'에서 빈도를 시간으로 변경한다(②). 1시간마다 다음 단계를 실행한다는 의미다.

두 번째 단계 'Send email'(③)에서 메일을 보내기 위한 필수 정보는 받는 사람, 제목, 본문이다. 메일을 확인할 수 있는 주소와 적절한 제목, 본문을 입력한 후 '저장'을 클릭한다(④).

정상적으로 저장되면 상단에 초록색으로 '흐름을 진행할 준비가 되었습니다'라는 상태 창이 나타난다(⑤).

우측 상단 '테스트'를 클릭하고(①) 수동을 선택한 후(②) '저장 및
테스트'를 클릭한다(③). 앞의 단계에서 '받는 사람' 난에 입력한 메
일 주소로 알림 메일이 도착했는지 확인한다. 메일이 도착하지 않
았으면 테스트가 실패한 것이므로 앞으로 돌아가서 메일 주소가 정
확한지 확인한다.

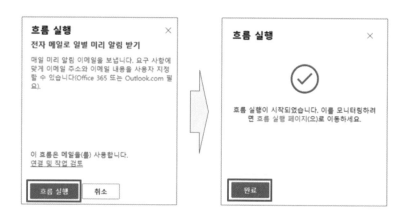

'저장 및 테스트'를 클릭한 후 화면 우측의 알림 화면에 흐름 실행 안내가 나타나면 '흐름 실행'을 클릭한다. 화면 우측의 알림 화면에 실행 결과 내용이 나타나고 '완료'를 클릭해 마무리한다.

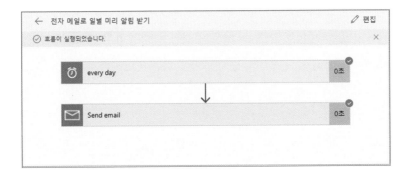

이제 1시간 간격으로 알림 메일이 발송되는 자동화 흐름이 시작 되었다. '흐름이 실행되었습니다'라는 상태 창을 확인한다.

좌측 메뉴 '내 흐름'을 선택하면(①) 새로 만든 자동화 흐름 '전자 메일로 일별 미리 알림 받기'의 세부 정보와 실행 기록 등을 확인할 수 있다. 이 상태를 유지하면 1시간마다 알림 메일이 발송되므로,

실행을 멈추고자 한다면 상단의 여러 기능 중 '해제'를 클릭한다(②).

파워 오토메이트 데스크톱 설치하기

파워 오토메이트 데스크톱은 파워 오토메이트 클라우드에서 지원하지 않는 다양한 기능을 이용해 업무를 자동화할 수 있다. 먼저 파워 오토메이트 데스크톱 설치 파일을 다운로드한다.

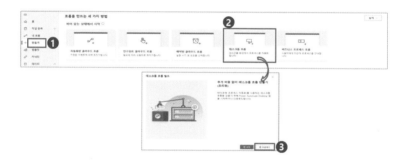

파워 오토메이트 홈페이지에서 좌측 메뉴 '만들기(①)−데스크톱 흐름'(②)을 선택하면 '데스크톱 흐름 빌드' 팝업 창이 나타난다. 여기서 '앱 다운로드'를 클릭해(③) 개발 도구 설치 파일을 다운로드한다. 데스크톱에 이미 설치되어 있다면 '앱 시작'을 클릭한다.

다운로드한 설치 파일을 실행해 기본 옵션 그대로 '다음' 버튼을 클릭하고 설치한다. 설치 파일명은 'Setup.Microsoft. PowerAutomateDesktop.exe'이다.

파워 오토메이트 데스크톱을 처음 실행하면 서버와 연결하기 위

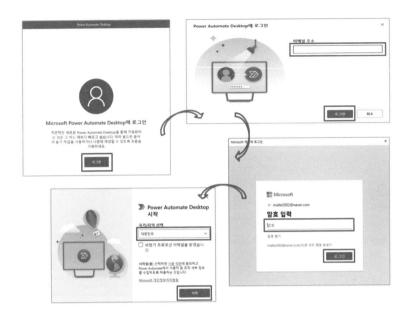

한 로그인 창이 나타난다. 파워 오토메이트 홈페이지에 로그인할 때 사용한 계정(이메일 주소)과 암호를 입력한다. 국가를 대한민국으로 선택한 후 '시작'을 클릭한다.

파워 오토메이트 데스크톱으로 데모 프로세스 개발하기

파워 오토메이트 데스크톱을 설치하고 로그인하면 개발을 위한 준비는 마쳤다. 이제 간단한 프로세스를 흐름으로 만들어보자.

데모 프로세스: 웹페이지에서 데이터를 스크랩해 텍스트 파일로 저장하기

특정 웹사이트 URL: Power Automate Desktop 소개

(docs.microsoft.com/ko-kr/power-automate/desktop-flows/
introduction)

저장할 파일 위치: c:₩temp₩파워오토메이트 웹데이터 스크래핑 테스
트.txt

파워 오토메이트 데스크톱을 정상적으로 설치하고 로그인하면
비어 있는 '내 흐름' 화면이 나타난다. '새 흐름'을 클릭하고 새로 만
들고자 하는 RPA 프로세스 이름을 '흐름 이름'에 입력한다. 데모 시
나리오에 맞게 '웹페이지 데이터 파일로 쓰기'를 입력한 후 '만들기'
를 클릭한다.

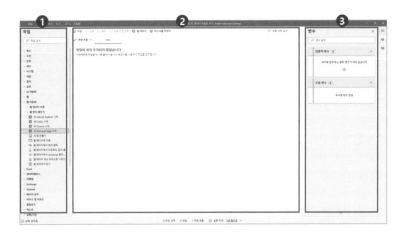

새 흐름이 만들어지면 빈 화면이 나타난다. 좌측 메뉴는 파워 오 토메이트 데스크톱에서 사용할 수 있는 작업(Action) 목록이다(①). 그중 하나를 선택해 더블클릭을 하거나 드래그앤드롭으로 가운데 옮기면, 메인 영역에 선택한 작업이 추가된다(②). 우측은 각 작업에 서 사용하는 변수를 나타내는 부분이다(③).

새 흐름은 특정한 웹사이트 URL을 열어서 그 화면에 있는 데이 터를 내컴퓨터에 파일로 저장하는 것이다. 이것을 RPA로 개발하기 위해서는 다음의 단계로 나눌 수 있다. 웹브라우저는 엣지를 사용 할 것이다.

> 엣지 브라우저에서 원하는 URL로 이동 → 웹 화면에 있는 데이터 추 출 → 엣지 브라우저 닫기 → 내컴퓨터에 파일 저장

4단계로 내용을 구분해 각 단계에 맞는 파워 오토메이트 데스크

톱의 작업을 사용할 것이다. 위 내용은 다음 5가지 과정으로 개발한다.

1. 원하는 웹 화면 열기

개발을 시작하기 전에 엣지 브라우저에서 데이터를 읽을 웹페이지를 미리 열어놓는 것이 편리하다.

데모 프로세스를 만들기 위해 파워 오토메이스 데스크톱 사용 설명서 웹페이지 내용을 추출할 것이다.

2. 파워 오토메이트 데스크톱에서 '새 Microsoft Edge 시작' 작업 선택

맨 먼저 첫 번째 작업을 등록하기 위해 좌측 작업 메뉴를 확인한다.

작업 목록에서 '웹 자동화〉새 Microsoft Edge 시작'을 찾아서 더블클릭을 하거나 가운데 메인 영역으로 드래그앤드롭을 한다(①).

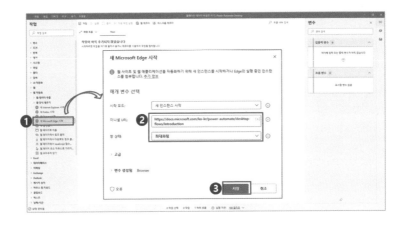

웹페이지를 실행하기 위한 정보를 기록하는 화면이 나타난다. 테스트를 위한 값을 입력한 후(②) '저장'을 클릭한다(③).

메인에 '새 Microsoft Edge 시작' 작업이 추가되었는지 확인한다.

3. 파워 오토메이트 데스크톱에서 '웹페이지에서 데이터 추출' 작업 선택

두 번째 작업을 등록하기 위해 '웹 자동화〉웹 데이터 추출〉웹페이지에서 데이터 추출'을 더블클릭한다. 그러면 '웹페이지에서 데이터 추출' 창이 추가로 나타난다. 이 상태에서 앞에서 열어놓은 웹페

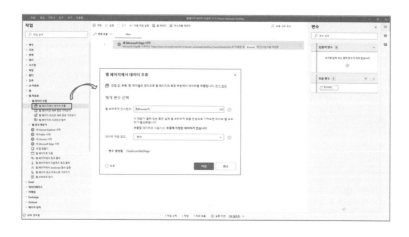

이지(엣지)를 선택한다.

이렇게 하면 두 번째 그림과 같이 좀 복잡한 상태가 된다. '라이브 웹 도우미'라는 작은 창은 계속 떠 있고 엣지 화면에는 붉은색 박스가 마우스의 움직임에 따라서 바뀔 것이다. 붉은색 표시가 스크래핑할 데이터의 위치이므로 하나를 선택한다. 붉은색 박스가 표시된 위치에서 마우스의 오른쪽 버튼을 클릭하면 작은 메뉴가 나타난다. 그중에서 '요소값 추출'을 선택하면 RPA가 읽은 텍스트가 나타난다.

앞의 과정을 잘 진행했다면 라이브 웹 도우미가 오른쪽처럼 텍스트를 포함하도록 변경된 것을 확인할 수 있다. '완료'를 클릭한다.

파워 오토메이트 데스크톱으로 돌아오면 웹페이지에서 데이터 추출 창의 '저장'을 클릭한다. 이후 메인에 '웹페이지에서 데이터 추출' 작업이 추가되었는지 확인한다.

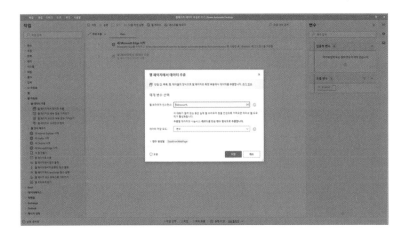

4. 파워 오토메이트 데스크톱에서 '웹브라우저 닫기' 작업 선택

지금까지 원하는 웹 화면을 열어서 데이터를 추출한 후 클립보드에 복사했다. 이제 복사한 데이터를 파일에 쓰기 전에 사용한 웹브라우저를 닫는 것이 좋다. 앞에서도 설명한 것처럼 이것은 RPA 개발의 원칙으로 더 이상 사용하지 않을 때는 프로그램을 닫아야 한다.

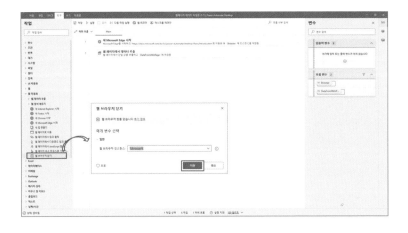

좌측 작업 목록에서 '웹 자동화>웹브라우저 닫기'를 더블클릭해
'웹브라우저 닫기' 팝업 창이 나타나면 그대로 '저장'을 클릭한다. 메
인에 '웹브라우저 닫기' 작업이 추가되었는지 확인한다.

5. 파워 오토메이트 데스크톱에서 '파일에 텍스트 쓰기' 작업 선택

엣지를 사용하는 과정은 모두 끝났다. 이제 웹에서 추출한 데이
터를 파일에 저장하는 마지막 과정이다. 이때는 '파일에 텍스트 쓰
기' 작업을 사용한다.

'작업'의 검색창에 '쓰기'를 입력하고 엔터를 누르면(①) 작업명에 '쓰기'가 포함된 목록이 나타난다. '파일에 텍스트 쓰기'를 더블클릭하면 '파일에 텍스트 쓰기' 팝업 창이 나타난다(②).

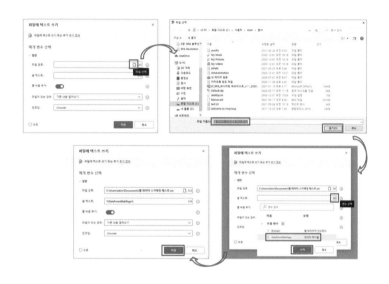

'파일 경로' 오른쪽 끝의 아이콘을 클릭하면 파일 탐색기 창이 열린다. 저장할 경로를 선택하고 파일명을 입력한 후 '열기'를 클릭한다(저장 위치를 직접 입력해도 된다). 웹페이지에서 추출한 데이터는

'쓸 텍스트'에서 선택할 수 있다. 오른쪽 끝의 아이콘을 클릭하면 사용할 수 있는 값 목록이 나타나는데 여기서 데이터 테이블 형식의 'DataFormWebPage'를 선택한 후 '선택'을 클릭한다. 마지막으로 '파일에 텍스트 쓰기' 팝업 창에서 '저장'을 클릭한다. 메인에 '파일에 텍스트 쓰기' 작업이 추가되었는지 확인한다.

4개의 작업이 순서대로 위치하는지 확인하면 파워 오토메이트 데스크톱을 이용한 개발은 끝났다. 다음으로 개발한 내용을 실행해 보자.

6. 파워 오토메이트 데스크톱에서 흐름 실행

새로운 흐름을 모두 만들었다면 우선 안전을 위해 개발한 내용을 저장한다(①). 실행하기 전에 개발하는 동안 열어놓은 엣지 브라우저를 모두 닫는다. '실행'을 클릭하면 흐름이 실행된다(②).

파워 오토메이트 데스크톱은 최소화되고 엣지에서 웹페이지를 열어서 데이터를 추출한 후 페이지를 닫고 파일을 저장하는 단계가 실행된다. 그리고 나서 파워 오토메이트 데스크톱이 다시 활성화되면 모든 실행이 끝난 것이다. 정상적으로 종료되었으면 저장 위치에 파일이 생성되었는지 확인한다.

파워 오토메이트의 2가지 환경에서 각각 데모 프로세스를 만들어서 실행해보았다. 여기서 확인한 것은 매우 기초적인 내용이므로 다음에 소개하는 교육과정을 참고해 파워 오토메이트의 다양한 기능을 알아보자.

파워 오토메이트 교육 알아보기

MS는 파워 오토메이트 교육을 온라인 강의로 공개하고 있다. 클라우드 버전과 데스크톱 버전으로 나눠져 있고, 전체 11개 단계로 화면의 안내에 따라 진행하기 쉽게 구성되어 있다.

- 클라우드 환경: docs.microsoft.com/en-us/learn/modules/get-started-flows
- 데스크톱 환경: docs.microsoft.com/en-us/learn/paths/pad-get-started

파워 오토메이트 데스크톱 교육은 처음 시작하는 'first step(기초)'과 전문적인 'essential(핵심)' 2개의 과정으로 구성되어 있다.

- first step: docs.microsoft.com/en-us/learn/modules/pad-first-steps
- essential: docs.microsoft.com/en-us/learn/modules/pad-power-automate-desktop-development-essentials

북큐레이션 • 4차 산업혁명 시대를 주도하는 이들을 위한 라온북의 책

《RPA 레볼루션》과 함께 읽으면 좋을 책. 기존의 공식이 통하지 않는 급변의 시대, 남보다 한발 앞서 미래를 준비하는 사람이 주인공이 됩니다.

AI, 빅데이터로 매출 10배 올리기

매출 올리는 데이터 사이언티스트

김도환 지음 | 16,000원

데이터 사이언티스트의 차이는 데이터의 의미를 읽고 해석할 줄 아는 능력에 있다

현업에서 일하고 있는 저자의 실제 사례와 자료 조사를 통해 기업이 진정으로 원하는 데이터 사이언티스트에 대해 전반적으로 다룬다. 또한 기업이 데이터 사이언티스트와 협력하기 위해 기본적으로 알아야 할 AI에 대한 지식과 활용법, 비즈니스를 성공적으로 이끄는 유능한 데이터 사이언티스트의 핵심 역량도 담고 있다. 비즈니스 현장에서 인정받는 전문가가 되고 싶다면, 넘쳐나는 데이터 속에서 고객의 핵심 니즈를 캐내는 유능한 직원이 필요하다면 이 책을 놓지 않길 바란다.

스마트오피스에 대한 가장 완벽한 해답

스마트오피스 레볼루션

김한 지음 | 15,800원

10년 후에도 우리 회사가 살아남으려면? 스마트한 인재가 모이는 스마트오피스가 답이다!

예측하기 힘든 4차 산업의 혁명기 속에서 기업이 생존하려면 무엇이 필요할까? 바로 스마트한 인재(스마트 워커)다. 그들을 어디에서 찾냐고? 생각보다 어렵지 않다. 우리가 찾는 대신 그들이 우리 기업으로 오게끔 하면 된다. 이 책은 4차 산업 혁명 시대의 큰 물결 앞에서 경쟁력 확보를 원하는 기업에게 공간의 힘을 기반으로 한 기업문화 혁신 모델을 제시한다. 재택근무와 화상회의, 자율좌석제 도입을 넘어서 10배 생산성을 가진 스마트피플이 마음껏 일하고 AI, 로봇과 함께 일하도록 기업 업무 환경에 혁신을 일으키는 방식을 제안한다.

애프터 코로나 비즈니스 4.0

선원규 지음 | 18,000원

**강력한 생태계를 만들어가는 플랫폼 사이에서
생존하는 콘텐츠를 발견하라!**

앞으로의 미래 시장에서 살아남으려면 플랫폼과 콘텐츠 중에서 어떤 것에 중점을 두어야 할까? 이 책은 이 문제에 대해 해결점을 찾아갈 수 있도록 플랫폼과 콘텐츠를 자세히 다루고 있다. 현 사회와 플랫폼과 콘텐츠의 상관관계를 이야기하며 플랫폼과 콘텐츠 사업모델의 다양한 종류를 소개한다. 또한 어떻게 해야 강력한 플랫폼과 콘텐츠를 만들 수 있을지 그 전략을 설명하며 앞으로의 미래 시장의 전망을 다루고 있다. 이 책을 통해 수많은 콘텐츠가 유입되는 사랑받는 플랫폼, 플랫폼의 러브콜을 받는 콘텐츠를 개발할 수 있을 것이다.

**플랫폼과
콘텐츠의
관계 분석**

ZZIN 디지털 노마드 창업

류희은 지음 | 14,500원

**사무실로 출근하지 않아도
근로소득 만드는 디지털 노마드 창업!**

이 책은 현시대에 가장 알맞으면서도 즐겁게, 어렵지 않게 시도할 수 있는 '디지털 노마드 창업'에 대해 소개한다. 대학교 2학년에 월 1,000만 원을 벌기 시작하면서 20대에 벌써 미니 은퇴를 선포한 저자는 스타트업, 프리랜서, 1인 기업까지 다양한 경험을 해왔다. 이를 바탕으로 스타트업, 프리랜서, 1인 기업의 차이점을 설명하며 왜 디지털 노마드 창업이 좋은지, 디지털 노마드 창업을 위해 꼭 필요한 것, 디지털 노마드 회사 운영기, 꾸준히 디지털 노마드 라이프를 즐기는 방법 등을 알려준다.

**대학교 2학년
월 천만 원
순수익 노하우**